KB047897

하루에
한 걸음씩
행복해지기
The Inner Game of Stress

THE INNER GAME OF STRESS: Outsmart Life's Challenges and Fulfill Your Potential
by W. Timothy Gallwey with Edd Hanzelik, M.D., and John Horton, M.D.
Copyright ⓒ 2009 W. Timothy Gallwey with Edd Hanzelik, M.D., and John Horton, M.D.

Illustrations copyright ⓒ 2009 by Joan Swan
Originally published in 2009 by arrangement with Random House, an imprint and
division of Penguin Random House LLC

Korean translation rights ⓒ 2023 NAVI SCHOOL
Korean translation rights are arranged with Random House, an imprint and
division of Penguin Random House LLC thorough Imprima Korea Agency

이 책의 한국어판 저작권은 임프리마 코리아 에이전시를 통해
저작권자와 독점 계약한 도서출판 나비스쿨에 있습니다.
저작권법에 의해 한국 내에서 보호를 받는 저작물이므로 무단 전재와 무단 복제를 금합니다.

하루에 한 걸음씩 행복해지기
The Inner Game of Stress

ⓒ 나비스쿨 2023

2023년 5월 3일 1판 1쇄 발행

펴낸이 | 조우석
펴낸곳 | 나비스쿨
편집장 | 김현정
디자인 | studio J
인쇄 | 예림인쇄

등록 | No.2020-00008
주소 | 서울특별시 성북구 돌곶이로 40길 46
이메일 | navischool21@naver.com

ISBN 979-11-973894-7-4 (03190)

Timothy Gallwey

티머시 골웨이

하루에
한 걸음씩
행복해지기
The Inner Game of Stress

📖 나비스쿨

이 책은 실세 사례를 담고 있습니다.
이름을 비롯해 개인이 사생활이 드러날 수 있는
민감한 부분은 약간의 수정을 가했음을 알려 드립니다.
독자 여러분의 양해를 구합니다.

불안에 맞서 행복을 찾고 있는

_____ 님께

두 의사, 마음의 힘을 만나다

불안은 삶을 흔드는 주범입니다. 매일같이 몰려오는 환자들을 대하며, 우리는 이 사실을 뼈저리게 느끼지요. 병원을 찾는 대부분의 사람들이 불안으로 인한 질병을 앓고 있다는 미국 스트레스 연구소의 발표는 그리 놀라운 일이 아닙니다. 하지만 아직도 의학자들은 불안의 영향력을 외면하고 있습니다. 숫자로 확인하기 어렵다는 이유에서죠.

차곡차곡 쌓인 불안이 환자들의 몸과 마음을 얼마나 황폐하게 만드는지 우리는 눈으로 확인해 왔습니다. 증상은 하나같이 비슷합니다. 머리가 아프고, 이께가 쑤시며, 투함 섞 갑서나, 매기 이피옵니다. 신장이 두근거리고, 가슴이 조여들며, 축 처진 느낌이 들기도 합니다.

이런 증상이 일시적일 수도 있지만, 때론 쉴 새 없이 몸을 뒤흔듭니다. 이런 경우, 환자들은 말합니다.

"이러다 죽을 수도 있겠구나 싶어요."

이 같은 고통에도 불구하고, 많은 환자들이 그저 견디며 살아갑니다. 벗어날 방법을 모르기 때문입니다. 이들을 돕기 위해 우리는 치료에 상담을 도입했습니다. 어느 정도 효과는 있었지만, 만족스럽진 않았습니다. 효과적인 방법이 절실한 상황이었죠. 불행하게도 우리 의사들은 의학적 해결책에 익숙합니다. 하지만 이런 방식은 불안 앞에서는 힘을 잃습니다.

사실 불안은 위급할 때 작용하는 생물학적 장치입니다. 이러한 쓸모에도 불구하고, 지속적인 불안은 건강에 매우 해롭습니다. 수많은 과학적 증거가 이를 뒷받침하지요. 그렇게 고민이 깊어가던 차에, 한 사람이 머릿속에 떠올랐습니다.

티머시 골웨이는 우리의 오랜 친구로, 마음의 힘을 다루는 여러 권의 책을 써냈습니다. 그 책들은 우리의 몸과 마음에서 불안을 몰아내는 근본적인 방법을 다루고 있었지요! 우리는 그를 찾아갔고, 의학계의 오랜 숙제를 함께 풀 수 있을지 물었습니다. 잠시 고민하던 그는 이내 고개를 끄덕였지요. 그로부터 십여 년이 흘렀고, 우리의 성과는 눈부셨습니다. 세미나가 끝날 때마다 그곳에 참가했던 환자들이 입을 모아 말했습니다.

"왜 이런 방법을 널리 알리지 않는 거죠?"

그래서 탄생한 것이 이 책입니다. 이 책에 담긴 12년의 세월은 우리들의 인생도 바꾸어 놓았습니다. 이전에는 처방전에 집중했다면, 지금은 마음의 힘에 관심을 쏟고 있으니까요. 이 책속에는 현대 의학 지식과 다양한 사례들, 그리고 마음의 힘을 다루는 방법이 모두 담겨 있습니다. 누구든 이 책을 통해 인생을 뒤흔드는 불안에서 벗어날 수 있음을 우리는 잘 압니다. 이제 당신이 행복해질 차례입니다.

의학박사 존 호턴, 의학박사 에드 한젤릭

들어가며

불안이 행복을 방해할 때

나는 사람들이 스스로 깨닫게 돕는 일, 즉 코칭을 하고 있다. 그러다 보니, 중요한 일을 앞둔 이들이 종종 나를 찾아오곤 한다. 그날도 골프 선수 한 명이 나를 찾아왔다. 마주앉은 그녀가 조심스레 말을 꺼냈다.

"경기가 막바지에 이르면 너무 불안해져요. 손이 떨려서 골프채를 잡기도 힘들 정도예요."

사실 그녀는 세계적인 선수다. 골프 선수라면 누구나 꿈꾸는 명예의

하루에 한 걸음씩 행복해지기

전당에 곧 이름을 올릴 예정이었다. 앞으로 두 경기만 우승하면 말이다. 그런 그녀를 바라보다가, 나는 대뜸 물었다.

"사람들은 왜 골프를 칠까요?"

그러자 그녀가 얼른 대답했다.

"즐거우니까요. 저도 그래요. 사람들과 겨루는 것도 재밌고, 기량이 쭉쭉 늘어나는 느낌도 좋아요."
나는 그녀의 손을 흘끗 보았다. 그러고는 다시 물었다.

"골프를 치는 이유가 또 있을까요?"

그녀는 조금 주저하다가 입을 열었다.

"저 같은 경우엔…, 빚을 갚기 위해서예요."
"빚이요?"
"제 오랜 팬들에게 빚이 있거든요. 사실 제 인생은 골프를 치면서 달라졌어요. 예전의 저는 하찮은 존재였지만, 지금은 중요한 인물로 대접받아요. 그래서 걱정이 돼요. 사람들을 실망시킬까 봐요."

그 말이 끝나갈 즈음, 우리는 둘 다 눈치를 챘다. 그녀의 손이 가늘게 떨리고 있었던 것이다. 골프에 관한 이야기를 편안하게 내뱉을 때 그녀에겐 아무 일도 일어나지 않았다. 하지만 다른 이들에 관한 말을 꺼내자 그녀의 손은 곧바로 떨렸다.

언젠가 실력을 잃고 팬들에게 버림받을지 모른다는 상상은 그녀를 움츠러들게 만들었다. 잘 해내고 있음에도 불구하고, 경기를 망칠지도 모른다는 두려움이 그녀의 마음속 깊은 곳에 가득했다. 그 감춰진 마음이 바로 불안의 원인이었다. 난 단지 두 개의 질문을 건넸을 뿐인데, 그녀는 이내 깊은 생각에 빠졌다. 한참 후 그녀가 말했다.

"언젠가부터 골프를 치는 게 행복하지 않았어요. 저를 힘들게 만든 건 바로 제 자신이었던 거예요."

작은 깨달음이었지만, 자신을 가로막고 있던 것을 알아차린 듯했다. 골프에 관한 이야기를 좀 더 나눈 뒤 그녀는 자리에서 일어났다. 그녀의 입가에 어느새 희미한 미소가 떠올라 있었다.

얼마 후 그녀는 두 차례의 경기를 치렀다. 첫 번째는 아쉽게 패했지만, 다음 경기에서 그녀는 극적인 우승을 차지했다. 크게 기뻐했음은 물론이다. 마지막 홀에 공이 빨려 들어간 순간, 그녀는 곧바로 옆에 있던 호수에 뛰어들었다!

우리는 살면서 여러 가지 역할을 동시에 해낸다. 딸, 아들, 아이들의 부모, 누군가의 남편이자 아내, 주부, 골프 선수, 영업 사원, 회사의 임원 등등. 그러면서 착각한다. 그 역할이 바로 나 자신이라고 말이다. 사람들이 바라보는 나와 있는 그대로의 나는 분명히 다르다. 불안에서 벗어나는 과정은 이 둘을 구분 짓는 데서 시작된다. 그것을 해낼 수 있으면 스스로를 밝히는 빛을 금세 찾을 수 있다.

이 책을 펼쳐 든 수많은 사람들이 자신을 괴롭히는 불안으로 인해 힘든 시간을 보내고 있을 것이다. 이것 한 가지만 기억하자.

"나는 행복해질 방법을 이미 알고 있다!"

이 책에 담긴 실제 사례들이 당신의 깨달음을 도울 것이다.

CONTENTS

하루에
한 걸음씩
행복해지기

3장 불안에서 벗어나 제대로 행복해지기

1장

몰려오는 불안
알아채기

우리의 몸은
행복하고 건강한 삶을
필요로 한다.
마음도 마찬가지다.

첫째 날

불안의 참모습

"불안해서 살 수가 없어!"

하루에도 수십 번씩 들려오는 말이다. 이처럼 우리는 매일같이 불안해한다. 화재, 홍수, 지진의 가능성에 몸을 떨고, 휘발유 가격, 생활비, 해고의 위협에 시시각각 직면한다. 은행이 파산할까 봐 두려워하고, 나날이 무너지는 건강도 근심거리다. 걱정이 일상이 된 세상에 살고 있는 것이다.

실시간으로 쏟아지는 소식도 우리의 마음을 어지럽힌다. 경제가 붕괴되고, 주택이 압류되었다는 보도가 사방에서 들려온다. 테러와의

하루에 한 걸음씩 행복해지기

전쟁, 기아와 환경 파괴에 관한 뉴스도 낯설지 않다. 오늘 아침에 집에서 벌인 말싸움, 자식 키우기의 버거움, 과중한 업무, 아직 내지 못한 신용카드 대금, 때때로 엄습하는 두통, 눈과 귀로 밀려드는 세상사는 불안을 한층 가중시킨다.

불행한 사실을 언급하자면, 불안은 줄어드는 법이 없다. 일단 이런 상황에 놓이면 행복은 어디론가 사라져버리고, 쉽게 화를 내는 상태가 된다. 불안은 우리를 압박하고, 그런 상태는 긴장을 가져온다. 그리고 그것에 익숙해진 나머지 압박과 긴장을 삶의 일부라 여기게 된다. 에드 한젤릭을 찾아온 환자가 한번은 이런 말을 했다.

"긴장이 없는 삶은 어쩐지 허전할 것 같아요."

압박감이 경쟁력을 드높인다고 믿는 사람도 많다. 코칭을 받겠다고 찾아온 이들 가운데 사업가들이 종종 이런 태도를 보인다.

"성공하기 위해서는 싸워야 합니다. 긴장의 끈을 놓아선 안 되지요. 자신을 끊임없이 밀어붙여야 해요."

사실 이건 그 사람들만의 잘못은 아니다. 사회 전체의 문제다.
끊임없이 울려대는 휴대폰, 4시간의 수면, 그러면서 쉴 새 없이 뿜어내는 아드레날린. 그런 사람들을 무조건 칭송하는 분위기가 만연해 있다는 사실을 누구도 부인하지 못할 것이다.

이런 상황에서는 불안이 성공의 일부로 여겨질 수도 있다. 그리고 그것이 위험 신호다. 우리의 몸은 행복하고 균형 잡힌 삶을 필요로 한다. 마음도 마찬가지다. 불안은 몸과 마음을 해친다. 일의 능률도 떨어뜨린다. 성과와 불안이 별개라는 사실을 이제는 깨달아야 한다.

압박감? 도전?

우리를 행복에서 멀어지게 만드는 불안이라는 감정은 대체 어떻게 생겨나는 것일까? 무명 선수에서 일약 스타가 된 브라질의 테니스 선수 구스타보 쿠에르텐을 만나 보자. 프랑스 오픈에서 극적인 승리를 거뒀을 때 수많은 기자들이 그에게 몰려들었다.

"세계적인 선수들을 연거푸 상대했습니다. 경기를 할 때 상당히 긴장했을 텐데요, 그런 압박감을 대체 어떻게 극복했나요?"

기자의 질문에 그는 고개를 갸웃거렸다.

"압박감이요? 전혀 느끼질 못했는데요."

놀란 기자가 다시 물었다.

"무슨 말씀이죠? 그런 상황에서 압박감을 못 느끼다니, 무슨 비결이라도 있나요?"

그러자 쿠에르텐이 밝은 얼굴로 대답했다.

"시합하는 내내 너무 즐거웠어요. 뛰어난 선수들과 겨룰 수 있어서요. 자꾸 물으시니 생각은 해봤는데, 압박감이 어떤 느낌인지 잘 모르겠어요."

그를 둘러싼 기자들에게 압박감이란 현실 그 자체였다. 하지만 쿠에르텐은 달랐다. 그에겐 세계 최고의 선수들과 당당하게 겨룰 기회가 현실이었다. 그는 행복했고, 마음껏 코트를 뛰어다녔다. 그런 마음에 불안이 끼어들 여지는 없었다.

하지만 현실을 깨달았을 때, 그도 다른 사람들처럼 멈칫했다. 우승 소식이 브라질 전체를 뒤흔들었고, 그의 인기는 하늘 높이 치솟았다. 승리에 대한 부담감이 그를 짓누르기 시작했다. 그 후 2년 동안 그는 좀처럼 이기지 못했다. 경기에 나서는 것을 두려워했고, 표정은 점점 어두워졌다.

거듭된 패배로 스스로에 대한 기대치가 낮아졌을 때, 그는 비로소 마음에서 부담을 덜어낼 수 있었다. 그리고 이듬해, 마침내 프랑스 오픈에서 다시 우승했다.

안타까운 사실이지만, 현대를 사는 우리는 압박감과 더불어 성장해 왔다. 어른들은 아이에게 종종 이렇게 말한다.

"좀 더 똑똑해야 해. 어서 빨리 뛰어 보렴. 그렇게 뒤쳐져 있으면 안 돼!"

더 많은 기대가 더 좋은 결과를 낳는다고 다들 착각한다. 성공하기 위해서는 압박감이 필수라는 근거 없는 믿음에 우리는 떠밀려 간다.

하지만 압박은 어떤 경우에도 도움이 되지 못한다. 스스로 밀어붙이기를 멈출 때 우리는 행복해지고, 비로소 실력을 발휘할 수 있다. 코칭을 위해 회사를 방문하면 임원들이 걱정스레 말을 꺼낸다.

"직원들을 다그쳐야 회사가 제대로 굴러갑니다."

다른 자리에서 직원들은 말한다.

"어떻게든 무리를 해야 상사에게 인정받을 수 있어요."

여기서 중요한 것은 '압박'과 '도전'을 구분하는 것이다. 주어진 일을 잘 해내고 싶다는 마음이 들면, 그 상황은 도전이 된다. 도전을 할 땐 불안하지 않고, 즐거운 기분이 들며, 성공적으로 일을 마무리할 확률이 높다. 그런데 부담을 느끼는 순간, 그 일은 압박이 된다. 실패할지도 모른다는 불안함이 스스로를 짓누르는 것이다.

우리가 하는 일이 압박이 아닌 도전이 되어야 하는 이유는 뚜렷하다. 도전을 할 때 우리는 집중할 수 있고, 포기하지 않으며, 행복을 만끽할 수 있다. 물론 압박을 느낄 때도 열심히 할 수는 있다. 하지만 금세 지치고, 제대로 능력을 발휘하기 힘들다. 불안이 몸과 마음을 뒤흔들기 때문이다.

한번은 이스트 코스트라는 회사에서 나를 초청한 적이 있다. 영업부 직원들과 함께한 자리에서 나는 말했다.

"어떻게든 팔겠다는 생각으로 고객을 대하면 쉽게 지칩니다. 이 일을 하며 무엇을 배울까 생각하면 좀 더 즐겁게 일할 수 있습니다. 배움, 성과, 즐거움, 이 세 가지가 균형을 이룰 때 일은 압박이 아니라 도전이 됩니다."

내 조언을 진지하게 받아들인 건 뜻밖에도 실적이 가장 낮은 팀이었다. 그 팀의 팀장이 팀원들에게 건넨 말은 이랬다.

"일단 고객이 하는 말을 귀담아 들어 봅시다. 우리 상품이나 경쟁사의 제품을 어떻게 생각하는지, 고객에게 제대로 배워보겠다는 마음으로 즐겁게 현장에 나가 봅시다."

이 말을 요약해 보면 이렇다.

"호기심을 갖고, 즐겁게 도전해 봅시다."

한 달 후, 나는 그 팀이 꼴찌에서 일등으로 올라섰다는 반가운 소식을 들었다.

의학박사 에드 한젤릭

압박감의 강력한 유혹

샘은 52세로, 격무에 시달리고 있었다. 압박감이 그를 망치고 있었지만, 정작 자신은 알아채지 못했다. 아내의 권유로 마지못해 진료실을 찾았을 때, 샘은 불안으로 인한 전형적인 증세를 겪고 있었다. 두통과 메스꺼움, 복통과 간헐적인 구토, 몸의 떨림 등이 그를 괴롭혔다. 그는 내심 두려워하고 있었다. 암이나 뇌종양에 걸렸다는 말을 듣게 될 거란 생각에서였다. 정밀 신체검사와 종합 심리검사를 함께 실시한 뒤, 나는 샘에게 말했다.

"몸에는 아무 이상이 없어요."

그러자 샘이 공격적으로 물었다.

"이렇게 상태가 안 좋은데 어떻게 결과가 정상일 수 있지요?"
"아무래도 과도한 압박감이 원인인 것 같아요."

이 말을 건네자 샘은 즉각 방어적인 자세를 취했다. 당시 샘은 자신이 느끼는 압박감이 업무의 추진력을 높여준다고 굳게 믿고 있었다. 자신의 전부를 일에 쏟아붓는 사람에서 흔히 찾을 수 있는 모습이다. 그는 항공 관련 사업에 종사하고 있었는데, 걸핏하면 늦은 밤까지 사무실에 머물렀다. 압박감 없이는 성과도 없다고 여기는 듯했다.

나를 찾아오는 환자들 가운데 그런 사람들이 의외로 많다. 자신을 '아드레날린 중독자'라고 표현하면서, 압박감이 자신을 더 높은 곳으로 이끈다고 믿는다. 그들은 말한다.

"열심히 일하지 않으면 압박감을 느낄 일도 없겠죠. 압박감은 내 성공의 증거예요."

하지만 그들은 모르고 있다. 불안에서 비롯된 압박과 긴장에 우리 몸이 매우 취약하다는 사실을 말이다. 압박과 긴장은 응급 상황에서 목숨을 구하려는 급격한 생명 반응이다. 필연적으로 화학적 불균형을 초래한다. 따라서 이 상태가 지속되면 몸에 무리가 갈 수 밖에 없다.

나는 그에게 코칭을 받을 것을 제안했다. 달가워하진 않았지만, 샘은 수락했다. 일단은 불안으로 인한 증상들을 완화하고 싶어하는 것 같았다. 샘은 정기적으로 나를 찾아왔고, 우리는 차분하게 이야기를 나눴다. 압박감은 결코 경쟁력이 될 수 없으며, 오히려 행복을 빼앗고 일의 능률을 떨어트린다는 사실을 샘은 조금씩 깨닫기 시작했다.

"때론 거절도 필요하다는 걸 알게 됐어요."

어느 날 샘이 말했다. 그는 말을 이어갔다.

"이젠 할일이 많아도 걱정하지 않아요. 내 자신을 몰아붙이지도 않고요. 행복하지 않으면 지금 하는 일들이 다 무슨 소용이겠어요?"

샘의 변화는 극적이지만, 그리 느분 일도 아니다. 압박감의 유혹에서

하루에 한 걸음씩 행복해지기

벗어나면 건강은 저절로 회복된다. 샘도 마찬가지였다.

열심히 일하는 사람일수록 압박감의 유혹에 쉽게 흔들린다. 하지만 에너지는 금세 고갈되고, 너덜너덜해진 몸만 남을 뿐이다.

'지금 얼마나 무리하고 있는가?'

환자가 처음 진료실에 찾아오면 가장 먼저 살피는 항목이다. 이 책을 읽고 있는 당신이 또 다른 샘일지도 모른다. 다행스러운 건, 그 사실을 깨닫기만 해도 몸과 마음에 변화가 생기기 시작한다는 것이다.

자신의 하루를 되돌아보자. 브레이크 없는 자동차처럼 온종일 내달리고 있다면, 이제라도 잠시 쉬어가길 권한다. 스스로를 압박하는 일을 멈추면, 어느새 행복해진 자신을 발견할 수 있을 것이다.

✏️___ 나의 압박감 온도는?

이제부터 내가 얼마나 압박감을 느끼고 있는지 살펴보도록 하겠다. 뒤쪽의 '생각 발자국'을 펼치고 아래 질문에 답해 보자.

"지금 나를 힘들게 하는 것은 무엇인가?"

그리 깊이 생각할 필요는 없다. 그냥 떠오르는 대로 하나씩 적어 보면 된다. 다 적었다면, 이제 숫자를 써넣을 차례다.

종이에 쓴 항목들이 나를 얼마나 힘겹게 하는지에 따라 1에서 10까지 숫자를 적어 보자. 잘 모르겠다면 아래 예시를 보자.

- 전혀 불가능한 날짜에 상사가 마감을 강요한다. (7)
- 사춘기 아들과 아침에 다퉜다. (5)
- 전기세를 못 낼 만큼 주머니 사정이 좋지 않다. (9)
- 연로하신 부모님의 병원비가 걱정이다. (8)
- 너무 바빠서 친구의 결혼 선물을 사러 갈 수도 없다. (3)

아무리 사소한 것이라도 상관없다. 아이들이 시리얼을 달라고 아우성치는데, 마침 우유가 똑 떨어진 상황처럼 말이다. 숫자를 다 적은 뒤엔 당신이 겪고 있는 증상에 대해 살펴보도록 하자. 아래 질문에 답을 해 보면 된다.

"힘든 상황을 겪을 때 내게 생기는 증상은?"

이때 증상은 몸과 마음에 생기는 것 모두를 포함한다. 참고할 수 있도록 여러 증상의 예를 아래에 적어 놓았다.

손바닥에서 땀이 난다
머리가 아프다

배가 아프다

토할 것 같다

손이 떨린다

눈물이 날 것 같다

크게 울음을 터뜨리고 싶다

마구 화를 내고 싶다

소리를 지르고 싶다

주먹으로 벽을 치고 싶다

혼란스럽다

집중하기 힘들다

아무 것도 하고 싶지 않다

우울하다

모두 다 포기하고 싶다

두렵다

실패할 것 같다

비난받을 것 같다

걱정스럽다

근심이 머리에서 떠나지 않는다

이제 내가 쓴 내용을 참고해서 나의 압박감 온도를 알아보자. 아래쪽의 설명을 보고 현재 상태에 가장 잘 맞는 온도를 고르면 된다.

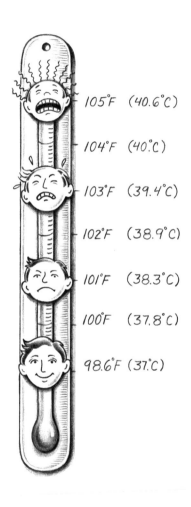

하루에 한 걸음씩 행복해지기

36.5-37℃

나의 압박감 온도는 정상 범위다.

편안하고 안정적이며, 스스로 생산적이라고 느낀다. 휴식을 즐길 시간이 충분하며, 자신에게 일어난 일을 깊이 생각할 여유도 있다. 몸과 마음이 건강하고, 불안과 관련된 증상도 없다. 매일 아침 상쾌한 기분으로 잠에서 깨어난다.

37.8℃

나는 약간의 압박감을 느끼고 있다.

목이 **뻣뻣하다는** 느낌, 소화가 살짝 안 된다는 등의 약한 증상이 나타난다. 흥분감이나 피곤함이 생길 수도 있다. 하지만 압박감이 당신의 일상을 방해할 정도는 아니다.

38.3℃

압박감에 어느 정도 시달리는 상태다.

몸과 마음 모두 압박감의 영향력 아래 놓여 있다. 항상 피곤하고, 지금 하는 일이 부담스럽다고 느끼고 있다.

38.9℃

나는 현재 심각한 수준의 압박감을 느끼고 있다.

짜증스럽고, 몸과 마음에서 관련 증상이 불쑥불쑥 나타난다. 평소처럼 또렷하게 생각할 수 없고, 피곤한 상태가 무척 오래 간다. 이 이상 일을 맡으면 쓰러질 것 같아 걱정이 된다.

39.4℃
나는 지금 매우 위험한 상태다.

몸과 마음이 압박감으로 인해 심각한 손상을 입고 있다. 이대로 가다간 한순간에 무너질 수도 있다. 말도 못하게 지친 상태로, 익숙한 일을 해내는 게 특히 더 괴롭다. 의식적이든 무의식적이든 탈출구를 찾고 있다.

40℃, 혹은 그 이상
나는 압박감에 중독된 상태다.

압박감과 관련된 많은 증상이 몸과 마음에서 드러난다. 현재 상황을 어떻게 바꿀지 전혀 알 수 없고, 잠시 후 무슨 일이 생길까 두렵다. 당신은 지쳐 쓰러질 지경이다. 일반적인 업무를 해내는 것도 너무 힘이 든다. 그나마 일을 해낸 뒤 잠시라도 잠을 자기 위해서는 약의 도움이 필요하다. 겨우 버텨내고 있는 상황이다.

몸에 열이 나면 우리는 그와 관련된 조치를 취한다. 미열이 있을 땐 집에서 충분히 쉬고, 체온이 38℃를 넘어가면 의사를 찾아가 도움을 받는다. 그 이상이 되면 서둘러 응급실로 향한다. 괜찮냐고 말하며 견

하루에 한 걸음씩 행복해지기

디는 사람은 없다. 그런데 압박감이 심한 상황에서는 별다른 조취를 취하지 않는다. 심각하게 받아들이지 않는 것이다. 하지만 일정 수준 이상의 압박감 온도는 몸의 열만큼이나 우리를 위험하게 만든다.

나의 압박감 온도를 다시 떠올려 보자. 온도가 높다는 것은 몸과 마음에 위험 신호가 켜졌다는 표시다. 만약 38℃ 이상이라면 당장 조취를 취해야 한다. 두통을 다스리는 약 한 알로 해결할 일이 아니다.

생각 발자국_ 나의 압박감 온도는?

지금 나를 힘들게 하는 것은?

- _____
- _____
- _____
- _____

힘든 상황을 겪을 때 내게 생기는 증상은?

- _____
- _____
- _____
- _____

지금 나의 압박감 온도는?

_____

_____

_____

_____

하루에 한 걸음씩 행복해지기

둘째 날

내 안에 있는 두 개의 나

마음의 힘을 이끌어내어 지금보다 한층 행복해지기 위해서는 다음 두 가지를 기억해야 한다.

하나, 우리에겐 생각 이상으로 훌륭한 마음의 힘이 있다.
둘, 마음의 힘을 가로막고 있는 것은 바로 나 자신이다.

마음의 힘에 대해 내가 제대로 알게 된 것은 하버드를 졸업하고 잠시 시간을 내어 테니스를 가르칠 때였다. (대학에 다니던 시절, 나는 테니스부 주장을 맡아 한동안 테니스 선수로 활약하기도 했다.)

그때 나는 테니스를 치는 사람들의 마음속에 '두 개의 나'가 있음을 우연히 알아차렸다. 나는 그 두 개의 나에게 셀프1과 셀프2, 즉, '판단하는 나'와 '지켜보는 나'라는 이름을 붙여 주었다.

내 안에 있는 '판단하는 나'는 일일이 간섭하고, 옳고 그름을 따지고, 이런 건 할 수 없다고 스스로를 깎아내린다. 그와 달리 '지켜보는 나'는 뭐든 자연스럽게 익히고, 집중을 잘 하며, 실수를 하더라도 별로 신경 쓰지 않는다.

판단하는 나	지켜보는 나
셀프1	셀프2
일일이 간섭함 매번 옳고 그름을 따짐 "이런 건 할 수 없어." 스스로를 깎아내림	뭐든 자연스럽게 익힘 집중을 잘 함 "괜찮아, 한번 해 보자." 실수에서 배움

지금쯤 눈치를 챘을 것이다. 우리 마음에 자리 잡은 놀라운 힘이 어떤 나한테서 나오는지 말이다. 맞다. 불안이 우리를 괴롭히는 상황에서 안정감을 찾고 행복에 다가서는 비결은 바로 '판단하는 나'를 내려놓고 '지켜보는 나'를 발견하는 것이다. 안타깝게도 판단하는 나가 앞쪽에 서면 어떤 일을 해도 우리는 금세 자신감을 잃는다. 테니스를 한번 예로 들어 보자. 눈앞에 공이 날아오면 판단하는 내가 마음속에서 우나스럽게 말을 걸어온다.

'자, 이제 제대로 자세를 잡아. 왼쪽 발은 앞으로 20센티미터 정도 내밀고, 각도는 15도쯤 바깥으로 틀어야 해. 라켓은 비스듬하게 살짝 잡아 쥐고 공이 눈앞에 오면 정확하게 받아쳐야 해. 자, 공이 왔다. 어서 쳐! 어이쿠, 제대로 치지 못했잖아. 내가 이럴 줄 알았어. 그러게 좀 더 연습을 했어야지!'

그런데 지켜보는 나에게 경기를 맡겨 두면 마법 같은 일이 벌어진다. 몸에 잔뜩 들어갔던 힘이 빠지고, 날아오는 공이 정확하게 눈에 들어오며, 굳이 계산을 하지 않아도 언제 라켓을 휘둘러야 할지 저절로 알게 된다. 무엇보다, 지켜보는 나는 실수를 할 때조차 즐거운 목소리로 이렇게 말한다.

'어, 이번엔 잘못 쳤네. 그럼 어때. 공을 주고받는 게 재미있는 걸.'

마음의 힘을 발견하는 일은 판단하는 나의 방해에도 불구하고 지켜보는 나를 찾는 용감한 시도다. 물론 이 과정이 쉽지는 않다. 우리는 태어날 때부터 지금까지 판단하는 나가 우리를 올바른 길로 이끈다고 착각하며 살아왔기 때문이다.

사실 판단하는 나는 불안의 주범이다. 실수를 부끄럽게 여기고, 잘잘못을 따지는 데 급급해 스스로를 자꾸 수렁에 빠뜨린다. 긴장을 위협하고 마음의 평안을 깨뜨리는 상황에서 멀어지기 위해서는 우리 안에 존재하는 훌륭한 마음의 힘, 즉 지켜보는 나를 찾아내는 연습이 반드시 필요하다.

몰리의 테니스

내가 첫 번째로 썼던 책이 출판되고 몇 달쯤 지났을 때, ABC 방송국의 프로듀서 한 명이 연락을 해 왔다. 그는 리즈너 리포트라는 TV 프로그램에 마음의 힘에 관한 20분짜리 영상을 내보내고 싶다고 말했다.

얼마 후, 그는 커다란 카메라를 든 세 명의 촬영 감독과 함께 내가 있는 캘리포니아로 찾아왔다. 그리고 그들 옆에는 약간 뚱뚱한 50대 여성 한 명이 서 있었다. 그 프로듀서가 내게 말하길, 그 여성의 이름은 몰리로, 이십년 동안 한 번도 제대로 된 운동을 해 본 적이 없다고 했다. 사실 내 책 속에는 이런 내용이 있다.

'지켜보는 나를 찾게 도와주면 어떤 사람도 금세 테니스를 배울 수 있다.'

ABC 방송국의 프로듀서는 바로 그 내용을 직접 확인하고 싶다고 했다. 몰리를 통해서 말이다. 그가 제시한 시간은…, 난 20분이었다.

나는 그 이야기를 건네는 프로듀서의 눈빛에서 강한 확신을 읽었다. 내가 결코 성공하지 못하리라는 확신 말이다. 코트 한쪽에 말없이 서 있는 몰리를 바라보던 내 마음속에도 어쩌면 그럴 수 있겠다는 생각이 모락모락 피어올랐다. 하지만 어쩌겠는가. 이미 촬영을 수락한 이상 다른 선택은 없었다. 네트 건너편에 몰리가 자리를 잡았을 때, 나는 부드럽게 말했다.

"몰리, 지금부터 내가 공을 칠게요. 그저 편하게 지켜보다가 소리 내어 말해 봐요. 공이 바닥에 닿았다가 튀어 오르면 '튄다', 그 공을 치고 싶다는 느낌이 들면 '친다'라고 말하면 돼요."

몰리는 내 말을 잘 따라 주었다. 공 몇 개가 그쪽으로 날아갔고, 몰리는 '튄다', '친다'라고 여러 번 말했다. '친다'라고 말할 때 그녀가 손에 든 라켓을 자신도 모르게 살짝 움직이는 게 보였다. 내가 말했다.

"몰라, 그쪽으로 다시 공을 보낼게요. '튄다', '친다'라고 말하면서 이번엔 라켓으로 공을 툭 쳐 봐요."

공이 날아갔고, 그녀가 라켓을 휘둘렀지만 허탕이었다. 나는 미소를 지어 보였다.

"괜찮아요. 그냥 공을 지켜보며 '튄다', '친다'라고 말하면 돼요."

잠시 뒤 몰리는 내가 보낸 공을 받아쳤다. 그리고 또 받아쳤다. 나는 공을 치는 그녀의 자세가 제법 안정적인 것을 발견했다. 몇 번 더 공을 쳐낸 뒤 그녀는 한층 편안하게 라켓을 휘둘렀다. 마치 몇 달째 테니스를 배운 사람처럼 물 흐르듯 자연스러운 동작이었다.

그리고 몇 분 뒤, 그녀는 공을 치는 다른 동작도 쉽게 익혔다. 난 그저 공이 라켓에 맞는 소리를 들어 보라든지, 춤을 추는 것처럼 박자를 세어 보라든지 하는 말을 몇 마디 더 건넸을 뿐이다.

약속된 20분이 흐른 뒤, 몰리는 코트 위에서 나와 즐겁게 공을 주고받고 있었다. 우리를 둘러싼 세 대의 카메라는 까맣게 잊은 채 말이다. 그 모습을 본 프로듀서는 입을 다물지 못했다.

몰리가 20분 만에 테니스를 익힌 비결은 무엇이었을까? 그건 바로 판단하는 나의 간섭 없이 지켜보는 나가 활약할 수 있었기 때문이다. 함께 공을 주고받는 동안, 몰리의 얼굴은 기쁨으로 가득했다. 실수를 해도 신경 쓰지 않았다. 그녀의 자세는 점점 좋아졌고, 정확하게 공을 치는 횟수도 늘어갔다. 지켜보는 나의 전형적인 모습이었다.

사실 지켜보는 나는 순수한 어린아이의 모습과 닮았다. 아이들은 무엇이든 자연스럽게 배운다. 실패해도 금세 다시 도전한다. 처음 걷는 법을 배울 때처럼 말이다. 한번 상상해 보자. 만약 판단하는 나가 걷

하루에 한 걸음씩 행복해지기

기를 배운다면 어떤 일이 벌어질까?

'일단 허리를 똑바로 세우고, 골반에 힘을 준 뒤 자리에서 천천히 일
어나서, 왼발과 오른발을 나란히 놓고, 왼쪽 발을 8센티미터 정도 들
어올리고, 그런 다음 다리를 움직이고, 허벅지와 종아리의 각도를 유
지하고, 몸의 균형을 잡으면서, 이런, 넘어졌잖아. 바보 같으니. 왜 나
는 제대로 하는 게 없지?'

판단하는 나의 수다를 듣는 동안, 아마 한 걸음도 떼지 못할 것이다.

불안과 판단하는 나

지켜보는 나를 데려다 놓아도 판단하는 나는 호시탐탐 자신이 등장
할 기회를 노린다. 우리는 오랜 시간 판단하는 나의 속삭임에 귀를 기
울여 왔다. 그래서 불안해지면 얼른 판단하는 나를 부른다. 불안이 판
단하는 나와 절친한 사이라는 걸 까맣게 잊은 채 말이다.

판단하는 나가 전면에 나서면 공포와 불안이 마음을 채운다. 그러면
근육이 굳고, 집중력도 흐트러진다. 그러다 보면 눈앞의 기회를 쉽게
놓치고, 스스로를 탓하게 되니.

예를 들어, 당신이 지금 사무실에 있다고 가정해 보자. 당신은 지금

최상의 상태로 업무에 집중하고 있다. 지켜보는 나의 도움을 받아 일 전체의 흐름이 눈앞에 보이며 마음 또한 편안하다. 놀라운 속도와 정확성으로 일을 마무리하려는 순간, 책상 위에 놓인 전화벨이 울리고 상사가 당신을 찾고 있다는 말을 듣는다. 그 순간 당신은 생각한다.

'뭐지? 내가 실수한 게 있나? 지금 하는 일의 방향이 잘못됐나? 아, 이럴 줄 알았으면 좀 더 자료를 찾아보는 건데. 이렇게 내 맘대로 하는 게 아니었어. 역시 나는 안 돼.'

지켜보는 나가 아무리 멋진 시간을 선물했다고 해도, 상황이 바뀌는 순간 판단하는 나는 너무도 쉽게 마음을 차지해버린다. 그러면 불안해지고, 부정적인 생각으로 머릿속이 가득 찬다. 몇 분 뒤, 상사가 부른 것은 다른 사람이었다는 연락을 받아도, 마음은 진정되지 않는다. 판단하는 나가 쉽게 물러나지 않는 것이다. 테니스의 세계에서도 이런 일은 흔히 일어난다. 싫어하는 방향으로 공이 날아오면, 판단하는 나는 그 위협에 대항해 두려움을 느낀다.

"어쩌지? 저 공은 치기 어려워. 놓칠 게 틀림없어."

그 즉시 근육이 굳고, 공을 놓치고 만다. 판단하는 니가 다시 말한나.

하루에 한 걸음씩 행복해지기

"그래, 실패할 줄 알았어. 난 역시 한심해."

그 방향으로 다시 공이 날아오면 두려움은 더 커진다. 나는 이런 반복적인 상황에 '어쩌지 반응'이라는 이름을 붙였다. 어쩌지 반응은 프로 선수들에게도 종종 나타난다.

이 상황과 반대되는 경우도 있다. 지켜보는 나가 등장했을 때다.
지켜보는 나는 쉽지 않은 방향으로 날아오는 공을 도전으로 인식한다.

'그래! 이번엔 이렇게 쳐 봐야겠다.'

근육이 조화롭게 움직이고, 라켓이 적절하게 공에 반응한다. 설사받아치지 못해도, 지켜보는 나는 그 과정에서 뭔가를 배운다.

'좋았어! 다시 쳐 보는 거야.'

희망적인 사실은, 지켜보는 나가 나올 수 있는 기회가 언제나 존재한다는 것이다. 판단하는 나가 의식을 지배하는 상황에서도 말이다.

"어쩌지?"

위협으로 느낌

근육이 굳음

"난 역시 한심해."

공을 놓침

두 얼굴의 데이비드

데이비드는 그동안 내가 만난 이들 가운데 판단하는 나와 지켜보는 나를 가장 혼란스럽게 번갈아가며 내보인 사람이다. 데이비드와 만난 건 코칭과 학습이 동시에 이루어지는 마음의 힘 시연회 자리에서였다. 테니스 라켓을 들고 네트 건너편에 선 그가 말했다.

"제 백핸드 발리가 마음에 들지 않아요. 너무 야해요."
"공을 ﹏쪽⌄ㅕ 보내 볼게요. 네트 쪽으로 나가와서 한번 쳐 봐요."

"그래!"

도전으로 받아들임

조화로운 근육

"좋았어!"

적절한 반응

　내 말에 데이비드는 백핸드 발리 자세를 취하며 공을 몇 차례 받아 쳤다. 과연 그의 말처럼 공에 전혀 위력이 실리지 않았다. 나는 말했다.

"약해 보이긴 하네요. 이렇게 치면 시합에서 점수를 따기 힘들죠."
"네, 맞아요. 어떻게 해도 좀처럼 나아지지 않아요."
"어떻게 치고 싶은 건가요?"
"좀 더 강하게 치고 싶어요. 그리고….”

　나는 그의 말에 끼어들었다.

"지금 보여 주세요."

"네? 뭘요?"

"데이비드가 원하는 백핸드 발리요. 머릿속에 상상하는 그림이 있을 거예요. 그걸 직접 보여 주는 편이 제가 코칭을 하는 데 도움이 됩니다."

내가 보기에 그는 초보자가 아니었다. 몇 년째 테니스를 쳐 온 것 같았고, 자신이 원하는 발리를 보여줄 능력이 있었다. 다만 그의 마음속에 능력 발휘를 방해하는 원인이 존재하는 것 같았다. 내 요구를 듣고, 데이비드의 얼굴이 진지해졌다.

"네, 한번 해 볼게요. 일단 제가 원하는 건 이런 식으로….''

데이비드는 내가 보낸 공을 집중해서 치기 시작했다. 몇 번의 시행 착오를 거친 뒤, 그는 완벽하게 공을 쳐냈다. 몇 분 전에 보여준 것과는 비교도 안될 만큼 강하게 말이다!

'오, 제법인걸.'

그렇게 생각하며 내가 감탄의 말을 내뱉으려는 순간, 마치 기짓밀서 린 그의 공이 약해졌다. 아무레도 미법이 깨진 노앙이었다.

하루에 한 걸음씩 행복해지기

"다시 처음으로 돌아왔네요."

"네, 좀 전에 친 건 그냥 설명하기 위한 거니까요. 이게 제 실력이죠…."

"그럼 다시 설명하면서 공을 쳐 보세요."

조금 뒤, 그는 제대로 된 발리를 선보였다. 하지만 이내 소극적인 발리로 되돌아왔다. 아무래도 그의 마음속에서 판단하는 나와 지켜보는 나가 엎치락뒤치락하는 것 같았다. 순수한 마음으로 설명을 할 땐 지켜보는 나가 앞으로 나서서 데이비드가 좋은 공을 칠 수 있었다. 하지만 이내 판단하는 나가 그의 마음속을 차지했다. 이렇게 스스로에게 속삭이면서 말이다.

'내 백핸드 발리는 원래 약해.'

마치 낮과 밤처럼 강한 공과 약한 공을 번갈아 선보인 뒤, 데이비드가 무척 당황해하며 물었다.

"대체 어떤 게 제 진짜 실력인 거죠?"

그가 혼란스러워하는 것도 당연했다. 그동안 데이비드의 마음은 철저하게 판단하는 나의 영향력 아래 놓여 있었다. 그는 자신이 형편없다고 생각했고, 그 사실을 증명하는 데 시간을 쏟았다. 제법 놀라운 솜씨를 갖고 있는데도 말이다.

"그 선택은 당신의 몫이에요."

내가 데이비드에게 건넨 조언은 이것이었다. 그는 한동안 많은 고민을 할 것이다. 마음속에 두 개의 나가 있다는 사실을 알아채는 건 그리 유쾌한 경험은 아니다. 하지만 다행스럽게도 이 깨달음은 우리 인생을 크게 바꾸어 놓는다.

우리가 판단하는 나의 말에 자꾸 귀를 기울이는 건, 그 말이 제법 그럴듯하고 이성적으로 들리기 때문이다. 우리는 스스로를 격려하는 것보다 비난하는 데 익숙한 삶을 살아왔다. 하지만 그건 진짜 삶이 아니다. 데이비드가 언제쯤 실력을 발휘할지 알 수는 없었지만, 그는 그날 새로운 발걸음을 뗐다. 적어도 강력한 백핸드 발리를 쳐 낼 능력이 자신 안에 있다는 걸 알게 되었으니 말이다.

🖊 ___ 판단하는 나 찾아내기

여기까지 설명을 들으며 지켜보는 나를 닦자 불러내고 싶어질 것이다. 하지만 판단하는 나를 찾는 것이 먼저다. 스스로를 몰아붙이는 존재가 내 안에 있음을 알아차려야 비로소 진정한 나를 만날 준비를 할 수 있기 때문이다.

먼저, 내가 어떤 상황에서 불안을 느끼는지 한 가지만 떠올려 보자. 압박감 온도를 알아볼 때 써 둔 항목에서 골라도 된다. 그런 다음 그 상황에서 내가 뭐라고 중얼거릴지 상상해 보자. 그리고 그 말을 써 보면 된다. 많을 필요는 없다. 세 가지 정도면 충분하다.

이제 종이 안의 글을 읽어 보자. 내 안에 자리 잡은 판단하는 나의 목소리를 생생하게 들을 수 있을 것이다.

의사가 들려준 이야기

의학박사 에드 한젤릭

진실한 나

브렌다의 상태는 오랜 시간 그대로였다. 그녀는 알레르기, 피로, 소화 불량, 두통에 매일같이 시달렸다. 치료를 위해 최선을 다했지만 별 소용이 없었다. 하루는 브렌다가 어머니와 함께 병원을 찾았다. 그녀의 어머니는 정력적이고, 아무런 거리낌이 없었다.

"브렌다는 음악을 하고 싶어 했어요. 바보 같은 일이죠. 다행이 내가 나서서 제대로 된 길로 이끌었어요. 경영학을 전공하게 했거든요."

진료실이 떠나가도록 큰 소리로 말하며, 그녀가 자신의 병약한 딸을 가리켰다.

"봐요. 번듯한 직업에 돈도 잘 벌지, 집도 근사하지, 내 선택이 옳았다니까."

힘없이 앉아 있는 브렌다를 보며, 나는 깨달았다. 그녀가 원하지 않는 일에 자신을 쏟아 붓고 있다는 것을. 며칠 뒤, 브렌다가 홀로 진료실에 왔을 때 내가 물었다.

"요즘도 많이 바쁜가요?"
"네, 정신이 없어요. 사무실을 제대로 운영하려면 신경 쓸 게 한두 가지가 아니거든요."
"혹시 잠시라도 음악을 할 시간을 낼 수 있을까요?"
"네? 음악이요?"

생각지도 못한 말에 놀란 것 같았지만, 그녀의 얼굴이 눈에 띄게 밝아진 걸 나는 알아챘다. 스케줄 표를 들여다보며, 우리는 자투리 시간을 찾기 시작했다. 그러면서 음악을 운동이라 여기기로 했다. 몸이 아니라 마음의 근육을 키우는 운동 말이다.

그녀가 겪고 있는 오랜 증상의 원인은 자아상실에 있었다. 놀랄 만큼 적극적인 어머니 밑에서 그녀는 내내 주눅 들어 있었고, 자신의 인생조차 마음대로 할 수 없었다. 그것이 스스로를 병들게 했던 것이다.

얼마 후, 진료실에 다시 찾아 온 그녀는 몰라볼 만큼 생기 있는 모습으로 바뀌어 있었다. 뮤지컬 동호회에 들어가기 위해 한창 연습 중이라고 그녀는 말했다. 마음의 빛을 밝히고 행복한 삶을 살게 된 브렌다

하루에 한 걸음씩 행복해지기

를 보고, 내 마음속에도 기쁨이 솟아났다. 오랜 압박감에서 벗어난 그녀는 앞으로도 활기차게 자신의 시간을 채워갈 것이다. 행복은 마음에서 온다는 평범한 진리를 새삼 깨달을 수 있었다.

마음의 힘 찾기

판단하는 나는 우리 마음에 비난과 걱정, 두려움의 껍질을 여러 겹 덧씌운다. 그 딱딱한 껍질을 벗겨낸 뒤에야 비로소 지켜보는 나를 만날 수 있다. 세미나를 열 때 처음 던지는 질문이 있다.

"우리에겐 타고난 마음의 힘이 있습니다. 어려움을 이겨낼 용기를 주고, 일상을 풍요롭게 만드는 마음의 힘에는 어떤 것이 있을까요?"

이 질문에 대한 답을 할 때 다음 세 가지를 참고하라고 말한다.

첫째, 어린 아이에게서도 찾을 수 있는 힘.
둘째, 볼 때마다 존경하고 감탄하게 만드는 힘.
셋째, 우리 안에 있다는 걸 기뻐하게 되는 힘.

여러 해에 걸친 세미나에서 참가자들이 공통적으로 꼽은 마음의 힘은 다음과 같다.

올바른 깨달음

강한 용기

또렷한 배움

선택과 책임

즐거움과 감사

사랑과 친절

희망과 신뢰

창의력과 호기심

적극성과 진실

행복과 만족

질문에 대답한 뒤 참가자들은 다들 놀라워한다. 이렇게 다양한 마음의 힘이 우리 안에 있는지 몰랐다는 반응이다. 사실 우리는 명료함과 평온함을 처음부터 지니고 태어난다. 두려움과 좌절이 아니고 말이다.

누구든 힘든 상황에 놓일 수 있다. 소중한 존재를 잃을까 봐 두려워하고, 주변을 통제할 수 없을 땐 괴로움을 느낀다. 인간관계에서 생기는 갈등도 무시할 수 없다. 이런 상황을 없애는 건 불가능하다. 중요한 것은 관점이다. 같은 상황을 어떻게 보느냐에 따라 그에 따른 반응이 달라지는 셈이나.

둘 다 마음속에 있지만 판단하는 나와 지켜보는 나가 전하는 메시지는 분명히 다르다. 스스로를 비난하는 거짓 환상에 우리를 맡길지, 진실한 힘에 삶을 맡길지 곰곰이 생각해 보자.

기억해 두자. 우리는 다들 올바른 선택을 할 수 있는 마음의 힘을 갖고 있다.

생각 발자국_ 판단하는 나 찾아보기연습

나는 어떤 상황에서 불안을 느끼는가?

_____

_____

_____

_____

이 상황에서 나는 뭐라고 중얼거릴까?

- _____

- _____

- _____

- _____

셋째 날

나를 불안하게 만드는 것

세미나를 진행할 때 우리는 판단하는 나를 '불안 유발자'라고 부른다. 우리 마음의 이 불평 가득한 목소리는 좀처럼 멈출 줄을 모른다. 그리고 어떤 상황에서든 우리 마음을 뒤흔든다. 이 불안 유발자가 대대적인 활약을 벌이는 곳 중 하나가 바로 골프장이다. 조그마한 공 하나와 긴 막대기, 이런 우스꽝스러운 조합에 우리는 종종 사활을 건다.

내가 코칭을 위해 찰리를 만났을 때 처음엔 의아한 생각이 들었다. 느넓세 펼쳐진 신디밭 위에 평온히 서 있는 그를 보았을 때 이떤 문제점도 발견할 수 없었기 때문이다. 공을 치기 위해 팔을 휘두를 때조차 그는 여유를 잃지 않았다. 일반 골퍼가 갖기 힘든 자세였다. 그런데 찰리의 골프채가 공과 만나는 순간, 낯선 모습이 눈에 들어왔다. 그가 잔뜩 찡그린 채 공을 때리고 있었던 것이다. 공이 날아가자, 그는 다시 편안한 찰리로 돌아왔다. 잠시 동안 마치 다른 사람을 만난 느낌이었다. 내가 물었다.

"공을 칠 때 어떤 표정을 짓는지 혹시 알고 있나요?"

한 차례 더 팔을 휘둘러 본 뒤, 그는 자신의 표정 변화를 알아차렸다. 멋쩍게 웃는 그를 보며 내가 말했다.

"편안한 얼굴로 돌아왔네요. 만약 지금의 찰리가 공을 친다면 어떤 일이 벌어질까요?"

무슨 말인가 싶어 그가 나를 보았다. 내가 설명했다.

"공을 약하게 칠까봐 불안해하는 찰리 말고, 지금처럼 편안한 표정을 짓고 있는 찰리 말이에요."

그는 별 기대 없이 공 앞에 다시 섰다. 보나마나 제대로 때리지 못할 거라고 믿는 눈치였다. 하지만 결과는 정반대였다. 평소보다 힘차게 날아가는 공을 보며, 찰리는 무척 놀라워했다. 얼마 지나지 않아, 공을 때릴 때 지어 보이던 찡그린 표정이 사라졌다.

불안 유발자의 속삭임

우리는 긴 시간 판단하는 나의 목소리를 들으며 살아왔다. 불안을 유발하고, 긴장을 가져오는 판단하는 나는 우리 마음속에서 이렇게 속삭인다.

'난 정말 바보야.'
'이런 걸 해낼 수 있을 리가 없어.'
'나는 한심해.'
'아무도 날 좋아하지 않을 거야.'
'아무짝에도 쓸모없는 존재가 바로 나야.'

스스로를 이렇게 판단하는 데 익숙해져버린 우리는 아무런 저항도 없이 판단하는 나의 목소리를 받아들인다. 그리고 믿는다. 그게 전혀 사실이 아님에도 불구하고.

의학박사 에드 한젤릭

자존감 도둑

루스는 30대의 젊은 여성이다. 처음 진료실에 찾아왔을 때 그녀는 자살 충동에 시달렸고, 자신의 삶을 무척 불행하게 여겼다. 겉보기에 루스는 행복의 조건을 모두 갖춘 상태였다. 하지만 그녀의 마음은 전혀 그렇지 않은 듯했다.

"난 내가 싫어요."

그녀가 비참한 표정으로 말했을 때, 내가 넌지시 물었다.

"그게 정말 루스의 생각일까요?"
"네?"
"루스가 '나'라고 믿는 사람이 정말 루스 자신일까요?"

루스는 내 말에 무척 혼란스러운 것 같았다. 도대체 무슨 말이냐는 표정으로 나를 보았다. 나는 천천히 설명해 주었다.

"사람은 누구나 마음속에 두 개의 나를 갖고 있어요. 한 가지 나는 부정적인 말을 끊임없이 쏟아내고, 또 다른 나는 삶을 긍정적으로 바라보게 해 주시요. 우리는 대부분 부정적인 말에 귀를 기울이고 자신을 한심하게 여기는 데 집착해요. 그게 사실이 아닌 데도요."

내 말이 신기했는지, 그녀는 불평을 멈추고 나를 보았다.

"내 안에 또 다른 나가 있다고요? 그것도 두 개씩이나?"

나는 판단하는 나와 지켜보는 나에 관한 이야기를 루스에게 들려주었다. 처음엔 믿기 힘들어했지만, 그녀는 곧 고개를 끄덕였다.

"내가 불행하다고 믿게 하는 부정적인 목소리가 나를 이렇게 만들었다는 거군요."

그 후 그녀는 정기적으로 진료실을 찾았고, 몇 달이 지난 후에는 자신의 장점을 흔쾌히 이야기할 수 있게 되었다.

"이제는 내가 제법 마음에 들어요."

요즘도 루스는 진료실을 방문한다. 최근에는 어린 시절을 되짚어가며, 자존감을 잃게 만든 원인을 살펴보고 있다. 루스는 말한다.

"판단하는 나에게 더 이상 내 자신을 맡기지 않을 거예요."

자신에게 선택권이 있다는 걸 루스는 이제 잘 안다. 그 사실을 깨달은 이상, 다시 예전으로 돌아가지 않을 것이다.

커지는 두려움

판단하는 나의 또 다른 특징은 최악의 상황을 예상하는 데 매우 능숙하다는 것이다. 어느 날 당신이 목에 있는 아주 작은 혹 하나를 발견했다고 가정해 보자.

처음엔 별 일 아니라고 여긴다. 하지만 얼마 지나지 않아 수만 가지 부정적인 가능성이 마음속에 떠오르기 시작한다. 판단하는 나가 생각을 지배하기 시작한 것이다. 어느새 두려워지고, 상상할 수 있는 온갖 병의 이름을 검색하는 동안 당신의 손은 떨리기 시작한다. 두려움은 그 자체로도 강력한 힘을 지닌다. 생각을 얼어붙게 만들고, 추측의 소용돌이에 빠지게 한다. 그 혹이 연고 하나로 치료할 수 있는 단순한 증상임에도 불구하고 말이다.

여행을 떠난 한 사람을 떠올려 보자. 여기 저기 힘차게 걸어 다니던 그 사람은 문득 한쪽 발에 극심한 통증을 느낀다.

'무슨 일이지? 관절염에 걸린 건 아니겠지? 아니면 더 심한 병인가…?'

아픔은 점점 심해지고, 비상약으로 챙겨온 진통제를 먹어 봐도 별다른 차도가 없다. 이제 심각한 상상이 여기 저기 촉수를 뻗는다.

'암일지도 몰라. 여행은 물론이고, 내 인생도 이제 끝인 거야.'

잔뜩 얼굴을 찌푸린 채 절뚝거리는 그 사람을 보고, 동료 여행자가
말을 건넨다.

"왜 그래요, 발이 아파요? 신발을 한번 벗어 보지 그래요?"

그 사람은 길가에 놓인 낡은 벤치에 기대앉아 한쪽 신발을 벗는다.
그러고는 곧 알아차린다. 발바닥 아래에 작은 돌 하나가 박혀 있었다
는 사실을 말이다.

의사가 들려준 이야기

의학박사 존 호턴

두려움의 뿌리

레베카의 허리 통증은 심각한 상태였다. 너무 고통이 심해 거의 반년
이나 일을 쉬어야 했다. 문제는 원인을 찾을 수 없다는 데 있었다. 경
미한 디스크 증세가 발견되긴 했지만, 그녀가 느끼는 고통을 설명하기
엔 부족했다. 반복된 물리치료와 침술치료에도 증세는 전혀 호전되지

않았다.

레베카의 기록을 살펴보다가, 나는 그녀의 아버지가 루게릭병을 앓았다는 것을 발견했다. 근육이 서서히 위축되어 결국 사망에 이르는 질환이었다. 진료실에 마주앉아 이야기를 나누다가, 나는 레베카의 마음속에 깊은 두려움이 자리 잡고 있음을 알아차렸다. 그녀는 아버지의 병이 자신에게 유전될까 봐 몹시 불안해하고 있었다.

사실 그녀의 걱정은 근거가 있었다. 루게릭병은 유전될 확률이 비교적 큰 질환이었다. 마음에 쌓인 두려움이 오랜 허리 통증의 원인이라고 생각한 나는 그녀에게 유전자 검사를 권했다.

다행스럽게도 관련 유전자를 갖고 있지 않다는 사실이 밝혀졌다. 두려움의 뿌리가 제거된 뒤, 레베카의 증상은 크게 호전됐다. 예전엔 허리가 조금만 아파도 마음속에서 커져버린 온갖 두려움이 그녀의 고통을 증폭시켰지만, 이제는 작은 통증임을 잘 알고 있다.

과도한 두려움은 사실 여부와 상관없이 극심한 불안의 원인이 되곤 한다. 통증이 심하지만 기존의 치료법이 듣지 않을 경우, 마음속에 숨어 있는 감정들을 명확히 파악하는 것이 매우 중요하다. 이 과정은 생각보다 긴 시간이 걸린다. 하지만 치명적인 두려움을 이겨내기 위해서는 반드시 뿌리를 찾아야 한다.

 마음속의 두려움 들여다보기

'생각 받아쓰기'를 펼쳐서 오래 시간 스스로를 괴롭혀 온 두려움에 긴해 적어 보자. 너무 깊이 생각할 필요는 없다. 떠오르는 생각을 그냥

하루에 한 걸음씩 행복해지기

써내려 가면 된다. 지진, 전쟁, 환경오염 같은 대중적인 두려움도 괜찮고, 노화, 질병, 사고, 인간관계 같은 개인적인 두려움도 상관없다. 이때 구체적으로 쓰는 것이 좋다. 예를 들면 이렇다.

'내가 잠을 자는 사이에 지진이 일어나서 집이 무너지고, 크게 다칠까 봐 두렵다.'
'이대로 점점 나이가 들고, 결국엔 몸이 병들어서 무력하고 힘없는 노인이 될까 봐 걱정이다.'
'내일 당장 경제 상황이 나빠져서 직장을 잃을까 봐 고민이다.'

다 적었다면 자신이 쓴 항목을 하나하나 차분하게 읽어 보자. 그리고 그 두려움 안에 판단하는 나의 목소리가 섞여 있는지 찾아보자.

이어지는 걱정

걱정은 두려움과 함께 찾아온다. 그리고 걱정이 이어지면 마음속에서 점점 실체를 갖게 된다. 인도의 설화를 들어 보자.

어느 마을에 열심히 일하는 농부가 살았다. 그에게 한 가지 걱정이 있었다. 기르던 노새가 병들어 더 이상 밭을 갈 수 없었던 것이다.

'아무래도 노새를 빌리는 게 좋겠어. 이러다가 밭 갈 시기를 놓칠지도 모르니까.'

집을 나서며, 그의 마음속에 문득 걱정이 떠올랐다.

'혹시 이웃사람이 날 탓하면 어쩌지? 왜 노새를 제대로 돌보지 않았느냐고 하면서 말이야.'

밭 사이로 난 길을 걸으면서, 걱정이 이어졌다.

'비난을 할지도 몰라. 나 같은 사람은 노새를 빌릴 자격이 없다고 하겠지.'

이웃집 대문에 가까워졌을 때, 그의 걱정은 극에 달했다.

'분명히 이렇게 말할 거야. 나같이 한심한 사람한테는 노새를 절대 빌려줄 수 없다고 말이야.'

그렇게 이웃집 문 앞에 다다랐을 때, 그는 문득 화가 났다.

'아니, 자기가 뭔데 날 나쁘게 말하는 거지?'

하루에 한 걸음씩 행복해지기

문이 열리고, 이웃이 모습을 드러냈을 때, 그는 벌컥 소리쳤다.

"자네, 나한테 대체 왜 이러는 거야?"

의사가 들려준 이야기

의학박사 에드 한젤릭

마음속에 품어온 기억

메러디스는 60대 초반의 여성이었다. 그녀는 온몸이 뜨거워지는 증상으로 고통 받고 있었다. 밤에는 증상이 더 심해져서 잠을 못 이룰 정도였다. 그녀는 병원에서 폐경과 관련된 증상이라는 진단을 받았다. 고용량 호르몬 치료를 받았지만, 증상은 더욱 심해질 뿐이었다. 원인을 찾고 싶다는 간절한 마음으로 메러디스는 나를 찾아왔다. 그때 그녀는 소화불량, 우울증, 공황발작도 함께 겪고 있었다.

나는 그동안의 삶에 관해 그녀와 이야기를 나눴다. 어린 시절을 회상하던 중, 그녀는 열두 살 무렵에 일어난 차 사고를 기억해 냈다. 당시 그녀는 자동차의 뒷좌석에 앉아 있었다. 브루클린 다리를 건너고 있을 때, 운전석 쪽에서 어머니의 다급한 외침이 들렸다.

"위험해!"

다시 정신을 차렸을 때는 이미 사고가 난 뒤였다. 그녀는 찌그러진 차 안에 갇혀 있었고, 사방은 온통 붉은 피로 가득했다. 그 사고로 어머니는 사망했다.

메러디스는 그동안 이 사건을 되짚어 본 적도, 자신의 마음을 살필 겨를도 없었다. 50년 전의 사건을 이야기하는 그녀의 눈에는 눈물이 가득 고여 있었다. 나는 메러디스가 외상 후 스트레스 장애를 앓고 있는 것이라 판단했다. 사고 당시 과도하게 긴장했던 몸의 기억이 오랜 시간 사라지지 못한 채 고스란히 남아 있었던 것이다.

원인은 밝혀졌지만, 치료는 쉽지 않았다. 그녀가 두려움으로 가득 찬 마음의 목소리에 오랜 시간 길들여져 있었기 때문이다. 나는 그녀의 몸에 숨어 있는 긴장을 완화하고, 마음의 상처를 치유하기 위해 애썼다. 그리고 마침내 과거의 사건이 현재의 불행을 만들지 않는다는 사실을 그녀가 받아들였다.

정신적 외상이 몸을 병들게 하는 것을 나는 여러 차례 보아왔다. 이 연결 고리를 끊어내기 위해서는 과거는 결코 현재를 망칠 수 없다는 확실한 깨달음이 필요하다. 그 후 메러디스의 증상은 크게 호전되었다. 환자의 몸과 마음이 함께 건강해지는 모습을 바라보는 일은 언제나 기쁘다.

무자비한 비난

우리는 스스로를 깅진히는 일에 무적 인색하다. 반면에 자신을 비난하는 일에는 언제나 수고를 아끼지 않는다.

하루에 한 걸음씩 행복해지기

'대체 왜 이런 일을 벌였지? 난 머저리야.'
'아무도 날 존중하지 않을 거야. 너무 한심하니까.'
'세상 누구와 비교해 봐도 내가 제일 못생겼어.'

판단하는 나는 앞장서서 이런 말을 내뱉는다. 문제는 이런 말도 안되는 비난을 너무 쉽게 믿게 된다는 사실이다. 우리는 칭찬보다 비난을 더 진실로 받아들이는 경향이 있다. 그러다 보니 판단하는 나가 우리 자신을 멍청이라고 부를 때 확신을 갖고 고개를 끄덕이는 것이다.

판단하는 나가 우리 마음을 차지하면 자존감이 무너지는 것은 시간문제다. 만족할 줄 모르는 판단하는 나는 항상 못마땅해 하며 우리가해낸 일을 깎아내리기 때문이다. 존 호턴 박사는 판단하는 나에게 사로잡힌 환자들에게 종종 이 시를 읽어 준다. 14세기에 활동했던 페르시아의 시인 하피즈의 작품이다.

슬픔의 게임

스스로에게 던지는
돌을 거둬라.
자기 자신에게 던지는 돌은
값진 자부심을 짜쇠하고
다른 이들이

당신을 함부로 대하게 만든다.

그들이

아무 자격도 없는

얼간이라 해도.

친해하는 이여,

이제 깨달을 시간이다.

부디 마음의 눈을 뜨길!

의사가 들려준 이야기

의학박사 에드 한젤릭

소중한 나

레이첼에게 몸무게는 불안 그 자체였다. 과체중 상태인 그녀는 자신의
모습을 항상 불만스러워했다.

"내 자신이 혐오스러워요. 누구도 날 좋아할 리 없어요."

스스로에 대한 비난를 넘주지 않는 레이첼에게 내가 조용히 말했다.

"누구에게나 자신만의 장점이 있어요. 우리 함께 찾아보면 어때요?"

하지만 레이첼은 고개를 저었다.

"이런 저한테 장점이 있을 리 없어요."

"레이첼의 말투는 판단하는 나를 닮았네요."

"네? 누구요?"

나는 그녀에게 마음속에 존재하는 두 개의 나에 대해 알려줬다. 설명을 듣고 난 뒤, 레이첼이 조심스레 물었다.
"스스로를 깎아 내리는 건 판단하는 나의 목소리이고, 내가 그걸 받아들일 수도, 무시할 수 있다는 건가요?"
"맞아요. 그건 레이첼 본인의 선택이거든요."

내 대답에 그녀는 놀라워했다.

"그런 방법이 있었다니, 상상도 못했어요."
"판단하는 나는 부정적인 말을 계속 내뱉어서 결국 믿게 만들어요. 우리가 할 일은 판단하는 나의 목소리를 구별해 내는 거예요. 그 다음엔 스스로에게 말하는 거죠. '난 더 이상 그 말을 믿지 않아. 난 내 자신을 소중하게 여길 거야.'하고 말이죠."

우리는 종종 판단하는 나의 말에 모든 것을 내맡기곤 한다. 하지만 스스로에 대한 비난은 어떤 것도 바꿀 수 없다. 애정을 갖고 자신을 대할 때 비로소 긍정적인 변화를 일으킬 수 있다. 레이첼의 변화는 이제 시작되었다. 앞으로 더욱 행복한 삶이 그녀를 기다릴 것이다.

끝없는 비교

흔히들 이런 생각을 한다.

"결혼을 하고, 아이를 낳고, 큼직한 집을 마련하고, 멋진 차를 사고, 남들이 부러워하는 직업을 갖는 게 진정한 행복이지."

그러면서 그에 부합하는 삶을 위해 최선을 다한다. 하지만 문제는 그 다음이다. 목표를 모두 달성한 후에도 우리는 별로 행복하지 않다. 그 이유는 무엇일까?

몇 년 전, 한 연구가 실시되었다. 캘리포니아에 있는 오렌지카운티의 주민들을 대상으로 한 연구였다. 오렌지카운티는 거대한 저택이 즐비한 지역으로, 미국 내에서도 손꼽히는 부촌이다. 그곳에 사는 사람들은 웬만한 이들은 상상하기조차 힘들 정도의 부와 명예를 누리며 산다. 하지만 연구 결과, 그곳 주민들은 심각한 우울증을 앓고 있었다.

하루에 한 걸음씩 행복해지기

"저 집이 우리 집보다 훨씬 근사한 것 같아."

"저 사람이 나보다 돈이 많단 말이지?"

"또 새 차를 샀군. 나도 사야하는 게 아닐까?"

"크루즈 여행을 떠난다고? 그것도 두 달씩이나?"

"집수리를 하잖아? 이번엔 또 뭘 들여놓는 거지?"

오렌지카운티의 주민들은 이렇게 나와 남을 끊임없이 비교하면서, 이웃 사람들과 보이지 않는 경쟁을 벌여 왔다. 그것이 사람들을 지치고 우울하게 만든다는 것이 그 연구의 결론이었다.

있는 그대로의 나를 사랑하기란 쉽지 않다. 하지만 비교는 또 다른 비교를 낳을 뿐, 우리를 결코 행복하게 해 주지 않는다. 그렇게 찾아 헤매던 파랑새가 결국 우리 집 창가에 있었다는 교훈은 비단 동화책에만 해당하는 것은 아니다.

의사가 들려준 이야기

의학박사 존 호턴

비교의 슬픈 결말

마크는 60대 중반의 남성으로, 매우 윤택한 삶을 살고 있었다. 은퇴

후의 여유로움을 만끽하고 있던 그는 자기 자신에 대한 자부심이 대단했다. 같은 또래의 사람들에 비해 근육이 많은 탄탄한 몸매와 잔병치레 한 번 없는 건강한 몸을 그는 항상 자랑스러워했다. 그런데 일본 속담에 이런 말이 있다.

"아픈 적이 없던 사람을 잘 살펴라. 작은 병 하나에 무너질 수 있으니."

어느 날 마크는 전립선 질환을 통보받았다. 간단한 수술이 필요한, 그 연령대의 남성에게 흔히 생기는 증상이었다. 하지만 수술을 위해 입원한 뒤, 그는 짜증과 분노를 번갈아 표출했다. 그 질환이 자신의 건강에 큰 오점을 남길 거라고 느낀 것이다. 완벽한 인간인 자신에게 그런 일이 생겼다는 사실을 그는 도무지 견디질 못했다.

다행스럽게도 수술은 성공적으로 끝났다. 마크가 마취에서 깨어났을 때, 아들과 며느리가 기쁜 얼굴로 그 사실을 알렸다. 나도 그 자리에 함께 있었다. 그런데 마크의 표정이 밝지 않았다. 그는 모든 것을 못마땅해 했고, 자신이 처한 상황을 계속 원망했다. 그를 돌보는 가족과 수술 부위를 살피러 온 간호사에게 무례한 말을 내뱉기도 했다. 그 모습을 보며 다들 고개를 갸웃거렸다.

'왜 그럴까? 수술도 잘 끝났는데 말이야.'

며칠 뒤, 담당 의사가 걱정스러운 얼굴로 마크에게 말했다.

"수술한 지리에 세균이 침투했어요. 조금 심각한 상황입니다."

의사의 설명은 그를 분노하게 했고, 자존심에 더 큰 상처를 남겼다.
'내가 세균에 감염됐다고? 대체 왜?'

적절한 조치를 받으면 충분히 호전될 수 있다는 사실을 가족과 의료
진이 아무리 설명해도 그의 화는 가라앉지 않았다. 분노와 원망이 이
어졌고, 마크의 상태는 눈에 띄게 나빠졌다. 안타깝게도, 급성 신부전
증으로 그는 사망했다.

처음에 마크는 심각한 상황이 아니었다. 최상의 치료를 받았고, 수술
경과도 좋았다. 하지만 자존심에 상처를 입었다는 그의 믿음이 회복을
방해하는 결정적인 요인이 되고 말았다.

마크의 경우를 살피며, 환자의 심리 상태가 병의 회복에 직접적인 영
향을 미친다는 사실을 확인할 수 있었다. 이제는 수술이 결정됐을 때
환자가 이 사실을 어떻게 받아들이는지, 또 병에 걸린 자신을 어떤 모
습으로 판단하는지 확인하기 위해 많은 노력을 기울이고 있다.

판단하는 나와 상황의 주도권

코칭이 직업인 사람이라고 해서 부정적인 생각의 영향력에서 항상
자유로운 것은 아니다. 종종 긴장하고, 화가 나기도 한다. 어느 날 아
침에 눈을 떴을 때 딱 그런 느낌이었다. 마음속에서 들려오는 판단하
는 나의 목소리를 알아챈 나는 즉시 자신과 내화를 나누기 시작했다.

"왜 그렇게 불안해하는 거야?"

"오늘 무슨 일이 벌어질지 알고 있으니까."

"무슨 일인데?"

"해야 할 일이 산더미잖아. 결국 완벽하게 끝내지 못할 거고, 후회할 게 틀림없어. 난 능력자가 아니니까."

불안의 원인을 알아챈 나는 다시 부드럽게 말을 건넸다.

"물론 힘들겠지. 나도 이해해. 그래도 차근차근 해나간다면, 별 문제는 없을 거야. 도와줄 수 있지?"

세미나를 진행할 때, 참가자들에게 이렇게 물은 적이 있다.

"판단하는 나의 목소리가 들려올 때 어떤 방법을 쓰나요?"

각자 자신만의 비결을 들려주었다.

"저는 큰 소리로 말해요. '그만!' 이렇게요."

"조용하게 속삭여요. 미안하지만 너한테 쓸 시간은 없다고요."

"트럭에 치었다고 상상하면 쉬워요. 삶이 끝났는데 판단하는 나의 의견이 뭐 대수겠어요."

하루에 한 걸음씩 행복해지기

"그냥 무시하고 다른 데로 관심을 돌려요."

다들 무척 지혜로웠다. '오즈의 마법사'라는 영화에 이런 장면이 나온다. 무시무시한 마법사라고 믿고 있었는데, 막상 가까이 다가가 보니 그저 커다란 가면이었던 것이다.

판단하는 나는 얼핏 대단해 보인다. 지성적이고, 합리적이며, 지혜로워 보이는 일면을 갖고 있다. 그러다 보니 우리는 그 목소리에 쉽게 설득된다. 긴장되고 힘든 상황에서 판단하는 나가 마음을 두드리면 이렇게 말을 건네 보자.

"네가 지금 걱정하는 것도 당연해. 사실 쉬운 일은 아니니까. 그래도 아마 해낼 수 있을 거야. 충분한 능력이 내 안에 있으니 말이야."

목소리 구별하기

판단하는 나와 지켜보는 나의 목소리를 구분하기 힘들 때가 있다. 어려운 일을 앞두고 있을 때 특히 그렇다. 두려움은 매우 정상적인 감정이다. 자신의 능력을 넘어서는 일 앞에서 누구든 불안해한다. 이럴 때 마음속의 목소리를 구분하는 기준은 바로 '의미'다. 만약 그 말에 부정적인 의미가 담겨 있다면 비난하는 나의 목소리일 가능성이 크다.

"이건 도저히 할 수 없어. 실패하면 비난을 받을 거야. 사람들이 나를 싫어하게 될까 봐 두려워."

그런데 실패에 대한 두려움에도 불구하고, 그 안에서 배움을 찾는다면 십중팔구 지켜보는 나의 목소리다.

"나도 두렵긴 해. 이건 쉬운 일이 아니니까. 하지만 실패해도 그 경험이 깨달음을 줄 거야. 충분히 시도해 볼 가치가 있어."

차분히 앉아서 생각해 보자. 마음속에서 판단하는 나의 목소리가 들려올 때 어떤 말을 건네면 좋을까? 몇 가지가 떠오른다면 그 말을 잘 기억해 두자. 머지않아 써먹을 기회가 있을 테니 말이다.

하루에 한 걸음씩 행복해지기

생각 발자국_ 마음속의 두려움 들여다보기

오랜 시간 나를 괴롭혀 온 두려움은?

- _____
  _____

- _____
  _____

- _____
  _____

- _____
  _____

- _____
  _____

넷째 날

싸움, 도망, 바짝 얼어붙기

불안해지면 우리 몸은 자연스레 긴장한다. 그렇다면 긴장은 왜 생겨 날까? 긴장이란 우리를 위험에서 구하기 위한 생리적인 반응으로, 인류 진화의 아주 초기 단계부터 인간의 생존을 도왔다.

열매를 모으고, 작은 동물을 사냥하던 우리 조상들을 잠시 떠올려 보자. 그들이 숲에서 쉬고 있는데, 눈앞에 거대한 육식 동물이 튀어나온다. 즉시 가속되는 자동차처럼, 우리 조상들은 순식간에 몸을 피한다. 몸속에서 아드레날린이 폭발하고, 심장이 미친 듯이 뛰어서 근육을 즉각 움직이게 만든다. 이런 긴장 유발 장치는 인류의 생존을 가능하게 해 준 주요 빙이 수단이나. 만약 이러한 장치가 없었다면, 후손

하루에 한 걸음씩 행복해지기

인 우리는 존재하지 못했을 것이다.

오늘을 사는 우리에게도 급박한 상황은 분명히 존재한다. 일부러 다가와 억지를 쓰는 상사, 자꾸만 아파오는 어금니, 어젯밤에 벌인 배우자와의 말다툼, 눈앞에서 놓친 버스 등등. 문제는 과거에 만들어진 장치가 현재에도 똑같이 우리 몸을 활성화시킨다는 사실이다. 즉, 생존을 위해 긴장했던 근육이 갖가지 자잘한 상황에서도 똑같이 극도로 긴장한다는 것이다.

운전을 할 때 지나치게 흥분하거나, 말다툼을 하다가 방을 뛰쳐나가는 사람들을 우리는 종종 목격한다. 이 사람들의 몸속에서 분비된 호르몬의 양은 과거 우리 조상들이 육식 동물과 마주쳤을 때 분비된 호르몬의 양과 일치한다. 수백만 년의 시간이 흘렀지만, 우리 몸속의 긴장 유발 장치는 아무런 변화도 겪지 않은 것이다. 따라서 이 장치가 자주 발동하면 우리 몸에 큰 무리가 온다. 그 사실을 고스란히 증명하는 연구 결과를 살펴보자.

영국 연구진에 따르면, 자신의 삶을 불공평하다고 여기는 사람은 심장질환에 노출될 확률이 그렇지 않은 사람들보다 훨씬 높았다. 심장과 이어지는 관상동맥에 55퍼센트나 많은 이상이 발견된 것이다. 이는 콜레스테롤에 의한 이상보다 높은 수치다.

스탠퍼드 대학의 신경학 교수인 로버트 사폴스키의 연구도 이 사실을 뒷받침한다. 그는 사파리 캠프의 쓰레기를 먹고 결핵에 걸린 아프리카 개코원숭이 무리를 집중적으로 관찰했다. 연구진의 예상과는 달리, 결핵으로 목숨을 잃은 개체는 무리를 이끄는 강한 수컷들이었다. 암컷, 덜 지배적인 수컷, 그리고 어린 원숭이들은 모두 결핵을 이기고 살아남았다. 사폴스키의 분석에 따르면, 치열한 경쟁을 벌이던 강한 수컷들은 지속적인 긴장으로 인해 결국 병을 이기지 못했다. 놀라운 사실은 살아남은 개코원숭이 무리가 이전보다 더 번성했다는 사실이다. 약한 개체를 괴롭히던 강한 존재가 사라지자, 개코원숭이 무리가 집단적인 불안에서 벗어나 행복한 삶을 누리게 된 것이다.

의학박사 에드 한젤릭

강력한 투쟁 본능

메이라는 60대 중반의 여성으로, 갑자기 찾아온 목소리 떨림으로 진료실을 찾았다. 그녀는 얼마 전에 힘겨운 사건을 겪었다.

당시 그녀는 샤워를 마치고 방에 들어가 몸을 말리고 있었다. 그때 문을 두드리는 소리가 들렸고, 그녀는 본능적으로 커다란 수건을 들어 몸을 감쌌다. 무슨 일인지 확인하려고 거실로 나온 메이라는 현관문을 열고 집안에 들어서는 두 명의 젊은 남자를 목격했다. 공포가 그녀를 사로잡았고, 강간에 대한 두려움이 그녀의 심장을 관통했다. 그때였다. 태어나서 한 번도 들어본 적 없는 비명이 그녀의 목에서 터져 나왔다. 그것은 목구멍 아주 깊은 곳에서 시작되었고, 마치 사자의 포효처럼 크고 끔찍했다. 그 커다란 소리에 남자들은 집밖으로 달아났다. 그녀는 곧바로 주저앉았다.

그 후 몇 시간 동안 메이라는 말을 할 수 없었다. 아무리 애를 써도 목소리가 나오질 않았다. 마침내 말을 할 수 있었을 때, 그녀의 목소리는 떨리고 있었다. 안타깝게도 그 상태는 한 달 넘게 지속됐다. 그녀를 검사한 이비인후과 전문의는 성대가 계속 떨리는 것이 맨눈으로도 보인다고 말했다. 신경 전문의를 찾아갔지만 상태는 호전되지 않았다. 그래서 결국 나를 찾아온 것이었다.

당시 메이라의 몸속에서 터져 나온 고함 소리는 생명을 구하기 위한 즉각적인 반응이었다. 긴장 유발 장치는 빠르고 강력하게 작용했고, 결국 그녀의 목숨을 구했다. 하지만 성대는 아무런 준비가 되지 않은 상태였고, 이 과정에서 어쩔 수 없이 상처를 입었다. 메이라의 경우에서도 알 수 있듯이, 긴장 유발 장치는 우리 몸의 손상 정도를 고려할 만한 여유가 없다. 애초에 생명을 구하기 위해 만들어진 비상 장치이기 때문이다.

메이라의 치료는 자신에 대한 칭찬과 고마움에서 시작되었다. 나는 긴급 상황에서 위력을 발휘해 준 그녀의 목에게 감사함을 전했다. 그렇게 긴박했던 상황에서 느낀 긴장감은 몸에 긴 시간 동안 남아 있을 수 있다는 사실도 알려줬다. 일주일 뒤, 진료실을 다시 찾아온 그녀는 한결 편은해 보였다.

"마음을 편하게 먹으려고 노력했어요. 목소리가 떨릴 때마다 내 자신에게 말했어요. 힘든 상황에서 생명을 구해줘서 고맙다고요. 억지로 목소리를 내지 않고, 성대가 쉴 수 있는 시간을 줬어요."

그 후 메이라의 목소리는 점차 회복되었다.

훈련된 침착함

2009년 1월 16일, 뉴욕 라과디아 공항에서 이륙한 비행기가 얼마 후 새 떼와 충돌하는 사고가 벌어졌다. 이 사고로 엔진 두 개가 모두 불탔고, 조종사 체슬리 설렌버거는 끝까지 침착함을 유지한 채 비행기를 허드슨강에 무사히 착륙시켰다. 사고 비행기에 타고 있던 승객과 승무원 155명이 모두 살아남은 기적적인 결과를 만든 것이다. 당시 비행기를 몰았던 설렌버거는 40년 경력의 조종사로, 누구나 긴장할 만한 급박한 상황에서 놀라울 정도의 침착함을 유지했다. 이것은 고도의 훈련을 통해 이루어진 것이었다.

조종사들이 쓰는 용어에 '훈련된 침착함'이라는 말이 있다. 의식적인 노력과 정기적인 연습을 통해 침착함을 익히는 것을 말한다. 사고기를 몰았던 조종사 설렌버거가 선천적으로 긴장을 모르는 체질일 거라고 말하는 사람도 있다. 하지만 훗날 직접 밝힌 것처럼, 그도 그 순간에 누려웠다. 그것도 아주 많이.

하루에 한 걸음씩 행복해지기

우리 뇌 안의 공포 회로는 의지에 상관없이 저절로 작동한다. 하지만 설렌버거는 수없이 많은 경험을 통해 급박한 순간에 자신이 어떤 일을 해야 할지 정확히 알았고, 긴장을 푼 채 사람들의 목숨을 구했다. 본능적으로 작동되는 긴장 유발 장치의 틈을 뚫고 자신의 능력을 내보인 것이다.

의학박사 존 호턴

절망에서 희망으로

래리는 그동안 만난 환자 가운데 비만 증세가 가장 심각했다. 당시 그는 180킬로그램이 넘는 상태였는데, 그가 들려준 비만의 원인은 무척 충격적이고 가슴 아팠다.

래리의 가정은 평안했다. 그에겐 마음이 잘 맞는 아내와 사랑스러운 아이가 있었다. 그는 건실한 사업가였고, 종교와 봉사에도 관심이 많았다. 당시 래리와 그의 아내는 인종 통합과 경제적 평등을 내세우는 인민사원이라는 종교 단체에 가입했다. 그 단체를 이끌던 목사 짐 존스는 이상적인 사회를 건설한다는 명목으로 열성 신자들을 이끌고 남아메리카로 향했다. 그리고 그곳에 '존스타운'이라는 자신만의 왕국을 건설했다. 바로 그 마을에 래리의 아내와 자식이 있었다.

사람들의 기대와 달리, 존스타운은 아름다운 마을이 아니었다. 짐 존스는 왕처럼 군림하기 시작했고, 그곳에 정착한 신도들을 핍박했다. 그 상황을 감지한 미국 정부가 조사단을 보내자, 짐 존스는 그들을 살해하고 신도들에게 자살 명령을 내렸다. 그렇게 사망한 900여 명의 사람들 가운데 래리의 아내와 자식도 있었다. 그때 래리는 그런 일들이 벌어지는지 꿈에도 생각하지 못한 채 인민사원의 기금 마련을 위해 로스앤젤레스의 자택에 홀로 머물고 있었다.

아내와 자식의 사망 소식이 전해졌을 때, 자신이 처음 한 일은 피자 주문이었다고 그가 조용한 목소리로 내게 말했다. 피자를 먹으며, 래리는 동네 치킨 가게에 전화했다. 치킨을 먹으면서 중국 요리 식당에 주문을 넣었고, 중국 요리를 입에 넣으며 그는 다시 어떤 피자를 시킬까 고민했다.

그 후 몇 주일 동안 래리는 음식으로 자신의 고통을 억눌렀다. 그 다음에는 정처 없이 밤거리를 배회했다. 그러다가 아이를 안고 있는 여성을 만나면 남몰래 뒤를 따라갔다. 해를 끼치려는 의도는 아니었다. 그저 아내와 자식의 모습을 찾고 싶었다.

어느 날 그는 거울에 비친 자신의 모습을 보았다. 그 안에는 거대하고 일그러진 괴물이 서 있었다. 그는 충격을 받았다. 그 끔찍한 사건으로 래리는 가족과 신념을 동시에 잃었다. 자신의 모든 것이 부정당한 것이다. 그는 현실을 잊기 위해 음식을 먹었고, 거듭된 폭식으로 건강마저 잃었다. 그리고 그 상황에서 벗어나기 위해 나를 찾아온 것이었다.

래리의 고백을 들으면서 나는 가슴이 뭉클해졌다. 사람들은 예기치 못했던 사건을 겪으며 극심한 불안에 시달린다. 그 과정에서 토할 만큼 음식을 먹거나 아무 것도 먹지 못하는 증상이 나타나기도 한다. 그런 상황 속에서 잃어버린 자신을 되찾겠다는 그의 용기는 의사인 나로서도 대단해 보였다.

대회기 끝나길 즈음, 나는 그가 회복될 수 있다고 확신했다. 아끼던 가

하루에 한 걸음씩 행복해지기

족은 곁에 없었지만, 그가 앞으로 남은 생을 소중히 여길 거란 생각이 들었던 것이다. 래리는 식사량을 줄이기 시작했고, 그 후 50킬로그램 가까이 체중을 줄였다.

"앞으로 50킬로그램이 더 남았어요."

몇 달 전보다 훨씬 건강해 보이는 그를 지켜보며, 내 마음속에도 희망이 솟아났다.

긴장 반응

테니스 경기를 할 때 빠르게 날아오는 공 앞에서 그저 멍하게 서 있는 선수들이 있다. 우리는 이것을 바짝 얼어붙기, 즉 불안에 의한 긴장 반응이라고 부른다.

긴장 반응이 일어날 때 신경계는 심장 박동을 느리게 만들어 혈압을 낮춘다. 이런 상태가 무슨 도움이 되겠냐고 생각할 수 있지만, 때론 도망보다 숨기가 유용할 수 있다. 이럴 때 긴장 반응은 눈에 띄지 않는 최적의 상태를 만들어 준다.

자동차 불빛을 보고 도로 위에 멈춰 선 사슴처럼 긴장 반응이 위험한 상황을 만들기도 한다. 하지만 숨을 죽이고 몸을 감춰야 할 상황에서는 긴장 반응이 목숨을 구하는 도구가 된다.

어린 시절에 충격적인 경험이나 학대를 겪었을 경우, 의외의 상황에서 긴장 반응이 나타나기도 한다. 한 젊은 건축가는 동료의 이야기를 듣다가 갑자기 기절해서 주변 사람들을 놀라게 했다. 응급실로 실려가 갖가지 검사를 받았지만, 심장 질환이나 신경계 이상은 발견되지 않았다. 왜 그런 일이 벌어졌는지 알 수가 없었다. 그런데 존 호턴 박사가 어린 시절에 대해 물었을 때, 그는 조심스럽게 한 가지 기억을 떠올렸다. 어느 날 집에 돌아왔을 때, 삼촌이 자신의 어머니를 공격하는 장면을 목격한 것이다. 그날 어머니는 사망했다. 그 일은 강한 불안을 남겼지만, 그는 누구와도 그 사건에 대해 터놓고 이야기를 나눌 기회가 없었다.

그가 쓰러지기 직전, 동료는 자신이 걸린 병에 대해 속상한 마음을 털어놓고 있었다. 동료가 표현한 강렬한 감정이 숨어 있던 불안을 불러일으켜 그의 몸에 긴장 반응을 일으킨 것이다.

이후에도 그 건축가는 몇 차례 쓰러졌다. 하지만 원인을 알고 있었기 때문에 이전보다 훨씬 유연하게 대처했다. 충분한 휴식, 규칙적인 식사, 편안한 마음이 자신의 증상 개선에 도움이 된다는 사실을 그는 이제 잘 알고 있다.

✎ 긴장 반응 떠올리기

불안에 의한 긴장 반응은 예기치 못한 상황에서 일어나곤 한다. 갑자기 혼이 났을 때 아무 대답도 하지 못하고 눈만 끔뻑이거나, 커다란 개와 마주쳤을 때 도망치지 못하고 그 자리에 얼어붙는 것처럼 말이다.

이제 자신이 겪었던 긴장 반응에 대해 떠올려 보자. 주변에서 보았던 다른 사람들의 긴장 반응도 기억해 보자. 긴장 반응이 일어난 뒤 몸의 상태는 어떠했는지, 또 어떤 기분이었는지 생각해 보고, 다른 사람의 긴장 반응을 보았을 때 어떤 감정을 느꼈는지도 알아보자. 그리고 언젠가 긴장 반응을 경험한다면 어떻게 대처해야 할까 한번 생각해 보자.

세 가지 뇌 이야기

의학박사 에드 한젤릭, 의학박사 존 호턴

세미나를 할 때 뇌에 관한 이야기를 들려주면 참가자들은 종종 뜨거운 반응을 보인다.

과학자 맥린에 따르면, 우리는 세 종류의 뇌를 갖고 있다. 하나의 뇌 위에 다른 뇌가 쌓여 있는 형태로 말이다. 그는 가장 아래층에 있는 뇌를 '파충류의 뇌'라고 부른다. 이 뇌는 생존에 전적으로 집중한다. 심장 박동, 호흡, 신체 대사 등 생명 유지 기능을 관장하는 뇌간과 소

뇌가 파충류의 뇌에 해당한다. 뇌를 다쳐도 이 부분이 무사하면 생명을 유지할 수 있다. 파충류의 뇌는 두려움에 민감하며, 학습 능력이 없다.

그 위쪽에 자리 잡은 것은 '포유류의 뇌'다. 이곳에는 위험을 정교하게 알아차리는 편도체가 있는데, 시상하부, 뇌하수체, 부신과 더불어 도피와 긴장 반응을 조절하여 우리를 위험에서 보호한다. 편도체는 자동 활성 기능을 갖고 있다.
예를 들어 현관문 앞에 검고 긴 무언가가 있다고 상상해 보자. 그것이 뱀이라는 생각이 들자마자 우리는 소리를 지르며 뒤로 물러난다. 하지만 이내 잘린 호스의 일부임을 깨닫는다. 이때 본능적으로 뒷걸음질 치게 만드는 것이 편도체의 기능이다. 편도체가 초기 포유류의 뇌에 해당한다면, 해마는 그보다 발달된 기능을 보유하고 있다. 해마는 감정과 기억, 학습 능력을 맡아서 관리한다.

가장 위층에 있는 것이 인간의 뇌다. 전체 뇌의 6분의 5를 차지하는 대뇌피질이 인간의 뇌를 구성한다. 생각, 추론, 지혜 같은 고도의 지적 능력을 이곳에서 맡아서 관리한다. 대뇌피질은 언어, 이성적 사고, 기억, 이해, 소근육 운동, 창의성뿐 아니라, 공감, 친절, 독립성, 미래 계획 같은 고차원적 정신 활동도 가능하게 해 준다. 불안과 긴장 상황을 해결하려면 대뇌피질을 활성화시켜야 한다. 일단 한발 물러서서 상황을 파악할 수 있기 때문이다.

하루에 한 걸음씩 행복해지기

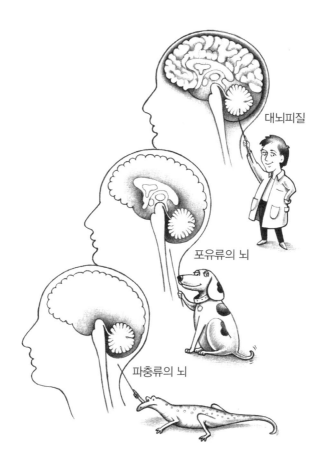

대뇌피질

포유류의 뇌

파충류의 뇌

각기 다른 전략

내가 사는 캘리포니아에는 산불 피해가 종종 발생한다. 그러다 보니 미리 대비해 피해를 줄이려는 움직임이 자연스럽게 일어난다. 지금 세 남자가 산불의 위협에 직면해 있다고 상상해 보자.

첫 번째 남자는 소방관이다. 그는 방금 도착한 헬리콥터가 적절한 지점에 물을 투하하고, 불이 번지는 걸 막을 수 있도록 지시한다. 그는 온통 그 일에 몰두해 있다.

두 번째 남자와 세 번째 남자는 산불이 일어난 지역에 자신의 집이 있다. 아직 불에 타진 않았지만, 머지않아 피해를 입을 가능성이 크다. 그런데 두 번째 남자는 조금 긴장한 듯했지만 두려워하는 표정은 아니다. 그는 그 지역에서 오래 살았고, 산불을 여러 차례 보아왔다. 그래서 화재 보험에 이미 가입했고, 위험할 경우에 가족과 귀중품을 실어 나르기 위한 큼직한 차도 준비해 놓았다.

하루에 한 걸음씩 행복해지기

세 번째 남자는 이 지역에 이사 온 지 얼마 안 되었다. 그는 자신의 새집을 위해 화재 보험을 들었는지 확신이 없다. 차는 있지만, 가족과 애완견, 갖가지 귀중품을 전부 싣기에는 역부족이다. 밀려오는 두려움에 그는 지금 숨도 쉬기 힘들 지경이다. 설사 산불이 자신의 집을 피해 간다고 해도, 앞으로 몇 달간 공포에 시달릴 것이다.

똑같이 불안한 상황에서도 사람들은 서로 다른 반응을 보인다. 이 반응에 영향을 주는 요인은 개인의 경험, 상황의 이해, 그것을 헤쳐나갈 구체적인 방법의 보유 여부 등이다.

다행스러운 것은 세 번째 남자가 언제까지나 똑같은 상태로 멈춰 있지는 않을 거라는 사실이다. 심리학자인 에이브러햄 매슬로에 따르면 인간은 발전의 동력을 마음속에 지니고 있다. 생존과 안전의 욕구를 해결하면 세 번째 남자도 불안에서 벗어나 스스로 만족할만한 해결책을 마련하기 시작할 것이다.

나와 남, 그리고 불안

우리는 사람들과 더불어 살아간다. 가족, 친구, 동료, 상사, 이웃, 동호회 회원 등 관계도 다양하다. 그런데 타인의 기분을 살피는 일은 또 다른 불안의 원인이 된다. 시바와 파르바티의 이야기를 살펴 보자.

힌두교의 신인 시바에게는 파르바티라는 부인이 있었다. 어느 날 파르바티는 인간이 불행한 이유가 궁금해졌다. 그토록 아름다운 세상에 살면서 어째서 얼굴을 찡그리는지 호기심이 일었던 것이다. 그녀는 남편인 시바에게 물었다. 시바는 인간 세상에 가서 그 이유를 확인해보자고 했다.

시바와 파르바티는 평범한 사람의 모습으로 작은 마을 어귀에 도착했다. 그 마을로 향하는 길 위에는 한 노부부가 있었다. 남편은 나귀에 몸을 싣고, 아내는 옆에서 걷고 있었다. 마을에 도착했을 때, 누군가가 말했다.

"남편이 참 무심하군. 나이 든 아내를 걷게 하다니."

그 말에 남편은 얼른 내려와 아내를 나귀에 태웠다. 그리고 안심하며 다시 길을 재촉했다. 다른 마을에 도착했을 때, 누군가의 이야기가 들려왔다.

"아내가 몹쓸 사람이군. 평생 일한 남편을 저리도 홀대하다니."

남편은 하는 수 없이 나귀에 올라앉았다. 두 사람은 함께 나귀를 타고 다시 길을 떠났다. 그리고 새로운 마을에 도착했을 때, 사람들의 말이 귀에 들어왔다.

하루에 한 걸음씩 행복해지기

"저런! 나귀가 불쌍하지도 않나. 두 다리가 멀쩡한 사람들이 연약한 동물을 괴롭히다니, 쯧쯧."

당황한 노부부는 얼른 나귀에서 내렸다. 그리고는 나귀를 앞세우고 따라 걸었다. 또 다른 마을에 도착했을 때, 사람들의 비웃음소리가 들렸다.

"세상에, 저 한심한 꼴은 뭐람. 멀쩡한 나귀가 곁에 있는데 아무도 타질 않다니!"

시바와 파르바티는 그 노부부를 따라 함께 걷고 있었다. 그래서 그 일들을 모두 지켜보았다. 시바가 파르바티에게 마침내 속삭였다.

"잘 보았소? 인간은 남들을 기쁘게 하기 위해 항상 애쓴다오. 하지만 모두를 만족시키는 건 애초에 불가능한 일이지."

생각 발자국_ 긴장 반응 떠올리기

내가 겪었던 긴장 반응은 무엇인가?

- _____
- _____
- _____
- _____

이때 내 몸의 상태는?

- _____
- _____
- _____
- _____

이때 내가 느낀 기분은?

- _____
- _____
- _____
- _____

하루에 한 걸음씩 행복해지기

다섯째 날

힘껏 달리기와 서서히 멈추기

　불안은 마음에서 온다. 골프장을 한번 살펴보자. 화창한 날씨, 초록색 잔디밭, 그리고 절친한 친구들. 주위에 있는 것들 모두 아름답고 사랑스럽다. 그런데 골프를 치고 있는 사람들은 어떨까? 하나같이 암울하며, 짜증을 내고, 실망하며, 분노한다. 골프장에서 일어나는 사망원인 1위가 심정지인 것은 어쩌면 당연해 보인다.

　골프를 치러갈 때 우리는 어떤 생각을 할까? 그저 좋은 곳에서 자연을 즐기며, 친구들과 이야기를 나눌 생각에 즐거울 것이다. 하지만 막상 골프채를 휘두르면 슬슬 마음이 조급해진다. 입박이 시작되는 것이다. 그러다 보면 애초의 즐거움은 어디론가 사라지고, 승부와 경쟁만이 마음속을 채운다.

이 상황에서 우리의 마음을 아름다운 땅 위로 되돌려 놓으려면 어떻게 해야 할까? 일단 그곳에 온 목적을 되새겨 보자.

"그래, 나는 친구들과 오랜만에 이야기를 나누러 왔어."
"맞아, 제대로 된 휴식을 즐기러 왔었지."
"코스를 다 돌고 나면 멋진 저녁을 먹을 거야."

그렇게 생각을 되살리면 애초의 목적을 잃은 채 얼마나 얼굴을 찡그리고 있었는지 금세 깨닫게 된다. 이런 깨달음에도 불구하고 경쟁에 계속 사로잡혀 있다면 스스로를 향해 이렇게 말해 보자.

"난 오늘 실력을 증명하러 온 게 아니야. 여기서 즐거운 시간을 보내러 온 거야!"

속도 줄이기

우리는 종종 과도한 불안에 시달린다. 그럴 땐 하던 일을 잠시 놓고 마음의 속도를 늦추는 게 중요하다. 지속적인 불안에도 불구하고 스스로를 계속 몰아붙인다면 마른 수건을 비틀어 물을 짜내는 상황이

하루에 한 걸음씩 행복해지기

되어 버린다. 감당할 수 없는 지경에 이르는 것이다.

현대를 사는 우리는 넘치는 업무와 부담감으로 몸과 마음이 너덜너덜해질 수 있다는 사실을 애써 무시하며 살아간다. 집중력이 떨어지고 피로감이 엄습할 때 나서서 쉬어주기 보다는 카페인 음료나 각성제의 힘을 빌린다. 하지만 그 효과는 오래가지 않는다. 얼마 지나지 않아 남아 있던 에너지마저 모두 바닥나 버린다.

불안한 상황에서 가장 필요한 것은 '속도 줄이기'다. 향긋한 차 마시기, 잠깐의 산책, 좋아하는 음악 듣기, 주변 살피기 등이 모두 멈출 줄 모르고 마구 내달리던 마음을 진정시켜 준다.

매일 우리가 겪는 일을 한번 떠올려 보자. 출근을 하기 위해 큰길에 들어서면 앞뒤로 늘어선 차들이 보인다. 막상 힘들게 회사에 가서는 뭘 하든 핀잔뿐이다. 할 일은 많고, 시간은 부족하다. 그러다가 파김치가 되어 집에 돌아오면 불만으로 가득 찬 배우자와 철없는 아이들이 나를 괴롭히기 시작한다.

하는 수 없이 TV를 켜 봐도 상황은 나아지지 않는다. 전 세계에서 들려오는 사건 사고에 머리가 복잡해진다. 지친 몸을 침대에 뉘여 보지만 잠들기가 쉽지 않다. 온종일 달려온 몸과 마음이 속도를 내려놓지 않기 때문이다. 결국 수면제에 손을 뻗는다.

세상은 끊임없이 달리는 사람들을 칭송한다. 자신을 밀어붙이고, 한계에 다다르려 애쓰는 이늘에게 월계관을 씌워 준다. 하시만 -1나음에 남는 것은 부서진 몸과 마음뿐이다.

자동차 한 대를 상상해 보자. 그 차는 원래 일반적인 속도에 맞게 만들어졌다. 하지만 성능 좋은 엔진을 부착했다는 이유로 무섭게 달리기 시작한다. 이내 범퍼는 떨어지고, 지붕에는 금이 가고, 창문은 깨진다. 하지만 차는 멈추지 않는다. 엔진은 작동하지만 다른 부분은 결국 엉망이 되어버린다. 이것이 바로 우리의 몸과 마음이 겪고 있는 일이다.

의사가 들려준 이야기

의학박사 존 호턴

공허한 질주

어느 날 진료실에 찾아온 환자가 내게 물었다.

"선생님, 혹시 다른 사람들도 살펴봐 주실 수 있나요?"
"다른 사람이요? 어떤 분들이죠?"
"그게…, 운동에 집착하는 회원들이예요."

그는 헬스장을 운영하고 있었다. 그런데 매일 운동하는 열성 회원들이 감기에 걸리면 유달리 회복이 더뎌서 걱정이라고 했다. 그는 회원들을 데리고 다시 나를 찾아왔다. 난 진료실에서 한 명씩 면담했다. 한 남성

하루에 한 걸음씩 행복해지기

이 말했다.

"운동을 하지 않으면 공허한 마음이 들어요. 긴장을 푸는 데 운동이 도움이 됩니다."

하지만 내가 그들과 이야기를 나눈 뒤 내린 결론은 조금 달랐다. 그들은 매일같이 반복하는 강도 높은 운동으로 자신들이 점점 건강해진다고 확신했다. 하지만 쉴 새 없이 움직인 후에도 그들은 마음 편히 쉬지 못했다. 몸을 움직이지 않는다는 사실에 죄책감을 느꼈기 때문이다.

우리 몸에 들어온 바이러스를 물리치기 위해서는 몸과 마음이 제대로 쉬어주는 시간이 필요하다. 그 시간에 면역 체계가 활성화되고, 질 좋은 항체가 만들어지기 때문이다. 하지만 그 회원들처럼 한시도 쉬지 않으려고 들면 작은 병도 오래 가게 된다. 항생제마저 듣지 않는 상태가 되는 것이다.

어쩌면 그들은 몸을 움직일 때 자연스럽게 나오는 엔돌핀에 중독되어 있을 지도 모른다. 많은 사람들이 엔돌핀이 주는 좋은 기분에 집착한다. 하지만 엔돌핀은 힘든 상태를 잠시 잊게 만들뿐 근본적인 해결책은 될 수 없다.

결국 나는 그 회원들을 도울 수 없었다. 그들은 운동에 집착했고, 몸이 보내는 위험 신호를 무시했다. 많은 의사들이 건강을 위해 규칙적인 운동을 권한다. 적절한 운동이 우리에게 도움이 된다는 것은 분명한 사실이다.

하지만 '적절한'이라는 단어를 무시하고 끝없이 운동에 매달리는 사람들은 스스로를 고문하는 상황을 맞는다. 건강에 도움이 되지 않는 상태로 몸과 마음을 몰아가기 때문이다. 하루도 빠짐없이 헬스장을 찾

는 사람들은 스스로를 돌아볼 필요가 있다. 불안을 운동으로 풀고 있
다면, 몸과 마음에서 힘을 빼고 조금 여유를 갖는 것이 필요하다.

부담에서 살아남기

세미나 자리에서 한 참가자가 말했다.

"3일 동안 휴가를 다녀왔는데, 400통이 넘는 이메일이 쌓여 있었어
요. 끔찍했죠."

업무 효율을 높이기 위해 만들어진 것들이 오히려 부담을 안겨 주는
일은 흔하다. 이메일, 메신저, 스마트폰, 화상 회의 같은 것들이 그렇
다. 우리가 일터에서 자주 하는 말이 있다.

"시간은 없는데, 할 일은 너무 많아."

요구 사항은 늘지만, 누구도 쉴 시간을 주지 않는다. 녹초가 될 때까
지 일하고, 또 일해도 '마쳐야 할 일' 목록은 그대로다. 기업 코칭을 할
때, 이런 상황을 개선할 방법을 묻자 사람들이 포기한 듯한 표정으로
말했다.

하루에 한 걸음씩 행복해지기

"잘리지 않으려면 어쩔 수 없어요."

요청 받은 일을 모두 해내는 것은 불가능하다. 이 상황을 깨닫고 자신만의 속도를 찾아야 한다. 아니면 몸과 마음이 무너지는 날이 곧 찾아온다.

의사가 들려준 이야기

의학박사 존 호턴

삶의 균형

중년의 임원인 로이는 크리스마스 휴가 기간에 나를 찾아왔다. 면도를 하다가 살짝 베었는데, 그 부위가 감염되어 자칫하면 뇌에 손상을 줄 정도로 상태가 심각해졌다고 했다. 그는 며칠 동안 병원에 입원했고, 정맥 주사로 항생제를 투여 받으며 감염을 치료했다. 그 과정을 잘 견뎌냈지만, 그의 마음은 혼란스러웠다.

"얼굴에 생긴 작은 상처가 어떻게 그런 결과로 이어질 수 있죠? 정말 말도 안돼요."

하지만 로이 자신도 그 이유를 알고 있었다.

"몇 달 동안 쉬지 않고 일을 했어요. 전혀 성공할 가능성이 없는 프로 젝트인데도 말이죠. 하지만 스스로를 몰아붙이는 것 말고는 다른 방법이 없었어요."

그는 과로했고, 상황을 헤쳐 나갈 방법을 찾지 못한 자신에게 화가 났다. 전혀 쉴 틈 없는 업무 환경이 몸을 그 지경으로 만든 것이다.

'삶이 주는 압박감'이라는 책을 쓴 한스 셀리에는 거듭된 부담이 우리 몸을 무감각한 상태로 만들고, 계속적인 긴장 상황에 적응한 것처럼 보이게 한다는 사실을 발견했다. 이 시간이 길어지면 균형을 찾는 항상성이 고갈되어 건강이 크게 망가진다. 결국 이로 인해 사망에 이를 수도 있다고 그는 경고했다.

손가락 하나로 팔뚝을 때린다고 상상해 보자. 처음엔 별 느낌이 없을 것이다. 하지만 이 행동을 30분에 한 번씩 한 달 동안 계속한다면 어떻게 될까? 불안도 마찬가지다. 처음엔 아무 영향력도 느끼지 못하지만, 지속적인 불안이 몸과 마음을 자극하면 결국엔 더 이상 견디지 못하게 된다.

한스 셀리에는 불안에 지친 사람들이 휴식보다는 억지로 또렷한 정신을 유지하는 일에 더 큰 힘을 기울이는 데 주목했다. 기운 빠진 말을 채찍질하는 것처럼, 사람들은 카페인 음료, 커피, 담배, 술, 고지방 음식을 먹어 가며 피곤을 이기기 위해 애쓴다. 하지만 이런 성분은 불균형을 초래해 우리 몸을 더욱 약하게 만든다.

쉼의 4요소

우리는 매일 투쟁하듯 살아간다. 프로젝트를 완료하고, 테니스공을 날려 보내고, 집안일을 해치우는 데 전력을 다한다. 호랑이에게 쫓기는 정글 속 삶처럼 매 시간이 긴장의 연속이다. 이런 상황에서도 우리는 어떻게든 쉴 시간을 찾아내야 한다. 그렇지 않으면 어떤 결과를 맞이할지 이제 다들 알고 있을 것이다.

에드 한젤릭과 존 호턴은 진료실로 찾아온 환자들에게 제대로 쉬는 데 꼭 필요한 네 가지를 친절하게 알려준다. 바로 쉼의 4요소인 '멈추기, 쉬기, 놀기, 자신 돌보기'다. 세미나 참가자에게 우리는 꼭 묻는다.

"일주일에 몇 시간을 쉼을 위해 사용하나요?"

이 질문에 처음엔 다들 기가 막혀 한다. 바쁜 것이 미덕인 세상에 익숙해져 있기 때문이다. 한번은 신시아라는 여성이 자랑스럽게 대답했다.

"쉬어야 할 땐 집에서 TV를 봐요."

"어떤 프로그램을 보나요?"

"요즘 한창 빠져 있는 긴 탐사 프로그램이에요. 세 살밖에 되지 않은 어린아이가 실종되었는데, 그 사건이 미궁에 빠졌거든요. 그래서 그 사건을 다루는 프로그램을 열심히 시청하고 있어요."

매일 밤 두 세 시간은 그런 프로그램을 보고 있다는 그녀의 설명에, 근처에 앉아 있던 다른 참가자가 물었다.

"그게 어떤 사건이죠? 전 처음 들어서요."

그러자 신시아가 한숨을 내쉬었다.

"당신이 부럽네요."

그리고 그 순간, 신시아는 깨달은 것 같았다. 자신의 손에 TV를 끌 수 있는 선택권이 쥐어져 있다는 사실을 말이다.

또 다른 참석자인 존은 대만에서 지내던 시절을 떠올렸다.

"그곳에서는 점심식사 후에 반드시 쉬어야 했어요. 모든 곳이 휴식을 위해 잠시 문을 닫았거든요."

존은 처음엔 그 문화에 적응하기 힘들었다. 하지만 휴식을 취하면 오후 일과를 더욱 활기차게 해낼 수 있다는 것을 곧 깨달았다.

책상에서 서류를 보며 점심을 입인에 우겨넣는 사람을 칭찬하는 분

　　　　　　　　　　　　　　하루에 한 걸음씩 행복해지기

위기에서 우리는 살고 있다. 늦은 밤, 가장 늦게 사무실을 나서는 사원이 되기 위해 보이지 않는 경쟁을 벌이기도 한다. 하지만 쉼은 반드시 필요하다. 멀쩡하게 살아가기 위해서 말이다.

의사가 들려준 이야기

의학박사 존 호턴

30분의 휴식

수전은 밤이 되면 가슴이 두근거리는 증상이 계속되어 나를 찾아왔다. 정밀 검사 결과, 심장에는 아무런 이상도 없었다.

"카페인이나 불안이 두근거림의 원인일 수 있습니다."

수전은 카페인 문제는 아닐 거라고 고개를 저었다. 그러면서 최근에 너무 바빠서 정신이 없을 지경이라는 말을 했다. 그녀는 지역 봉사 단체에서 일하고 있었는데, 업무량이 많아서 항상 시간에 쫓기는 상황이었다. 나는 문득 쉼의 4요소가 떠올랐다.

"생각보다 일이 쉬을 것 같네요."
"정말요?"
"그런데 제 말이 엉터리처럼 여겨질 수도 있어요."

"어머나, 걱정 마세요. 절대 안 웃을게요."
"좋아요. 제 처방은 이겁니다. 매일 30분씩 자신을 위해 써 보세요. 그러면 문제는 금방 해결될 겁니다."

그녀는 웃음을 터트렸다. 검사실을 나가면서 나도 따라 웃었다.

"잠시 후에 진료실에서 뵙도록 하죠."
"네, 알겠어요."

그런데 몇 분 뒤에 진료실에 들어서자 수전이 의자에 앉아 흐느끼고 있었다.

"왜 그래요? 혹시 내가 수전의 마음을 상하게 했나요?"

그녀가 고개를 저으며 간신히 대답했다.

"방금 깨달았어요. 그게 얼마나 힘든 일인지. 여태껏 나를 위해 10분도 쓸 엄두를 못 내고 있었거든요."

분주함과 건강은 결코 함께 갈 수 없다는 걸 수전은 알게 된 듯했다. 바쁘게 사는 대부분의 환자들이 자신을 돌볼 시간 따윈 없다고 딱 잘라 말하곤 한다. 하지만 문제가 터진 후에야 그 상황을 해결하기 위해 결국 더 많은 시간을 쏟아 붓는다.

하루에 한 걸음씩 행복해지기

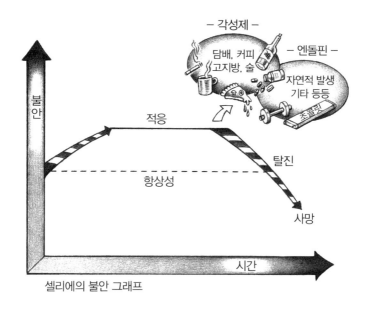

셀리에의 불안 그래프

✎ ___ 쉼의 4요소 떠올리기

제대로 된 쉼을 누리기 위해 무엇을 하면 좋을까?

먼저 '멈추기, 쉬기, 놀기, 자신 돌보기'를 머릿속에 그려 보자. 그리고 그 네 가지를 하기 위해 어떤 활동을 해야 할지 '생각 발자국'에 적어 보자. 무작정 쉬기, 천천히 달리기, 컴퓨터 게임, 운동, 수다 떨기 등등 모든 것이 가능하다. 그런 다음 자신이 실제로 일주일에 몇 시간을 그 활동에 할애하는지 써넣는다.

여기까지 했다면, 그 시간이 충분한지 차분하게 생각해 보자. 만약 부족하다면 필요한 시간을 어떻게 확보할지도 고민해 보자.

의미 있는 시간

운동은 대체로 긴장 감소와 건강 증진에 도움이 된다. 하지만 모든 운동이 같은 효과를 주는 것은 아니다. 당신 앞에 세 사람이 있다고 상상해 보자.

첫 번째 사람은 헬스장에 있다. 그 사람은 TV를 보며 러닝머신 위에서 한창 뛰고 있는 중이다. 두 번째 사람은 해변에 있다. 그는 이른 아침의 공기를 즐기며 바닷가를 느린 속도로 달리고 있다. 세 번째 사람은 길 위에 있다. 여유로운 저녁 시간을 즐기기 위해 친구의 집을 향해 천천히 걸어가고 있다.

세 사람 모두 칼로리를 소모하고 있으며, 다리 근육을 사용하고 있다. 겉으로 보기엔 이 평범한 신체 활동에 별다른 차이는 없어 보인다. 하지만 조금 더 생각해 보면 서로 다른 요소가 세 사람의 활동에 스며 있음을 알 수 있다.

첫 번째 사람은 그저 달릴 뿐이다. 그에게 이 활동은 쉼이 아니다. TV에서 골치 아픈 뉴스가 나오면 머릿속은 더 복잡해진다. 두 번째

하루에 한 걸음씩 행복해지기

사람은 자연과 더불어 쉬고 있다. 차갑고 달콤한 공기가 머리칼을 흔들고, 기분 좋은 느낌이 마음속에 차오른다. 세 번째 사람은 한적한 길을 걷는 행위 자체로 충분한 쉼을 누리고 있다. 그는 머지않아 친구의 집에 도착할 것이고, 그곳에서 즐거운 대화를 나누며 쉼을 계속할 것이다.

세미나에 참가한 한 사람이 이런 말을 했다.

"저는 기업 변호사라 시간이 정말 부족해요. 하지만 운동은 꼭 해야겠기에 개인 트레이너를 집으로 불렀어요. 값비싼 운동 기구도 여럿 샀고요. 어느 날 아침이었어요. 트레이너의 지시대로 동작을 하고 있는데, 문득 창밖이 보였어요. 날은 화창했고, 정원사는 나무를 다듬고 있었지요. 그때 문득 깨달았어요. '난 지금 뭘 하고 있는 거지? 당장 나가서 정원을 가꾸면 저 아름다운 곳에서 몸을 움직일 수 있을 텐데. 그러면 트레이너도, 정원사도, 운동 기구도 몽땅 필요 없을 테고 말이야.'하면서요."

생각 발자국_ 쉼의 4요소 떠올리기

쉼의 4요소인 '멈추기, 쉬기, 놀기, 자신 돌보기'를 하기 위해 내가 할 수 있는 활동은?

- _____
- _____
- _____
- _____

이런 활동을 하는 데 내가 실제로 쓰는 시간은? (일주일을 기준으로)

_____

_____

_____

_____

이런 활동을 위해 충분한 시간을 확보할 방법은?

- _____
- _____
- _____
- _____

하루에 한 걸음씩 행복해지기

하루에
한 걸음씩
행복해지기

2장

불안을 깨부수고
행복에 다가서기

기억하자.
빈 껍데기를 제대로
누리기 위해서는
인생의 주인이 되어야 한다.

여섯째 날

평온을 부르는 암호 : 관, 떠, 구

우리 집 정원에는 나무 덤불이 있다. 매년 봄, 참새가 그곳에 둥지를 틀고 알을 낳는다. 갓 부화한 새끼는 무척 작다. 새끼가 어느 정도 자랐다 싶으면 예외 없이 매가 들이닥친다. 그러면 참새는 미친 듯이 소리치며 날아다닌다. 그게 자연의 섭리인 걸 잘 알지만 가끔은 이렇게 외치고 싶다.

"참새들아, 다음 해를 대비해서 작전을 좀 세워보렴!"

참새 같은 동물은 본능을 따른다. 그래서 자연의 법칙에 운명을 맡

하루에 한 걸음씩 행복해지기

긴다. 하지만 인간에겐 생각하는 힘이 있다. 그래서 더 나은 선택이 가능하다. 그러나 급박한 상황이 닥치면 우리는 종종 무기력한 참새처럼 허우적댄다.

　마음의 힘은 우리 마음에 자리 잡은 불안을 깨부술 수 있도록 도와준다. 세미나를 진행하면서, 다음 세 가지 행동이 지켜보는 나를 불러내는 데 적절하다는 결론을 얻었다. 우리는 이것을 평온을 부르는 암호로 부르기로 했다. 바로 '관, 떠, 구'다.

관찰하기

떠올리기

구분하기

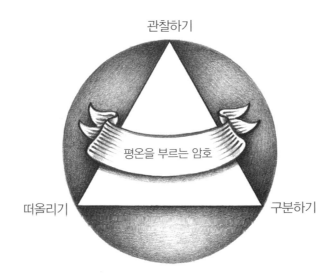

관찰하기

한번은 필이라는 임원을 코칭한 적이 있다. 그는 부하직원을 강압적으로 대하는 버릇이 있었다. 직원들은 싫어했지만, 그는 전혀 눈치 채지 못했다. 필의 행동을 지적하는 대신, 난 이렇게 물었다.

"지시사항이 잘 전달됐는지 어떻게 판단하나요?"
"직원들의 반응을 살펴요. 그리고 진행 과정을 일일이 체크합니다. 내버려 두면 엉망이 되니까요."

완고한 그의 표정을 보며, 나는 말했다.

"필, 간단한 숙제가 있어요."
"숙제라고요?"
"어렵진 않아요. 지시사항을 전달한 뒤, 다른 말은 하지 말고 직원들을 그냥 관찰해 보세요. 그리고 느낀 점을 다음 주에 말해 주시면 돼요."

일주일 뒤, 다시 만났을 때 그가 고개를 갸웃거렸다.

"신기하네요 직원들이 조금 달라졌어요. 예진엔 무슨 말을 해도 좀

하루에 한 걸음씩 행복해지기

처럼 먹히지 않았는데, 지난주엔 왠지 제 말에 귀를 기울이는 느낌이었어요. 이유가 뭘까요?"

"글쎄요. 이번 주에도 숙제가 있어요."

"뭔가요?"

"이번에는 필이 스스로의 목소리를 관찰해 보세요. 직원들과 이야기를 나눌 때 어떤 목소리를 내는지 들어 보는 거죠."

일주일 뒤, 필의 얼굴은 흥분으로 가득했다.

"제 목소리가 생각보다 높다는 걸 알게 됐어요. 말투도 날카롭고요. 그 사실을 알아챈 뒤 저도 모르게 달라지더라고요. 놀라운 건 제 말투가 바뀐 뒤 직원들의 태도가 몰라보게 변했다는 거예요. 이제는 지시 사항을 말할 때 제 말에 집중하는 모습을 보여요. 따로 챙기지 않아도 일을 더 잘해내고요!"

그저 관찰하는 것만으로 상황은 극적으로 바뀐다. 지켜보는 내가 활약할 기회가 생기기 때문이다. 무엇이 옳은 일인지 지켜보는 나는 잘 알고 있다.

의학박사 존 호턴

복통

조는 젊은 남성으로, 심한 복통과 메스꺼움을 겪고 있었다. 내과 전문의의 진료를 받았지만, 궤양이나 암은 발견되지 않았다. 정밀검사 결과도 좋은 편이었다. 조의 복통은 긴장 때문일 가능성이 높았다. 하지만 그 말을 꺼내긴 힘들었다. 자신의 증상이 나약함 때문이라 여길 게 뻔했기 때문이다. 그의 아버지는 강인한 사람이었다. 조는 그런 아버지의 기대에 부응하기 위해 무척 열심히 살고 있었다. 아내는 아이를 원했지만, 조는 신경 쓰지 않았다. 그저 새로운 직장에서 좀 더 빠르게 진급할 기회만 노리고 있었다. 조의 증상에 차도가 없자, 그의 가족들은 새로운 병원을 찾기 시작했다. 그 말을 듣게 된 나는 조에게 한 가지 제안을 했다. 병원을 옮기기 전 일주일 동안 스스로를 관찰해 보라고 권한 것이다. 그는 동의했고, 한 주일 뒤 제법 편안해진 얼굴로 진료실에 들어섰다.

"제 상태가 많이 좋아졌어요."
"다행이에요. 어떻게 된 건지 궁금하네요."

조는 내게 이야기를 들려주었다.
그날도 조는 피곤함에 절어 회사에서 돌아왔다. 집에 들어서자마자, 평소처럼 거실 소파에 앉아 다리를 꼬았다. 잠시 책을 읽다가 바닥에 내려놓고, 곧바로 TV를 틀었다. 아내가 접시를 건네자, 생각 없이 받아 들었다. 그리고 뉴스를 보며 음식을 먹기 시작했다. 그러다가 책을 집어서 읽고, 입을 우물거리며 다시 뉴스를 보았다. 그때였다. 위장에서 익숙한 불쾌감이 느껴졌다.

조는 문득 자신의 행동을 되돌아보았다. 그는 다리를 꼰 채로 몸을 숙인 채 먹고, 읽고, TV를 보고 있었다. 그 사실을 알아챈 즉시 그는 조용히 일어났다. 접시를 식탁으로 옮기고, 아내와 마주 앉았다. 몇 달 만에 처음으로 그는 즐거운 저녁식사를 했다. 그리고 복통은 사라졌다. 조의 이야기를 듣고 내가 빙그레 웃으며 말했다.

"진작 알았더라면 다리를 꼬고 식사하지 말라고 조언을 해줬을 텐데요."

조는 자신이 높은 사람들과의 점심 식사 자리에서 종종 긴장한다는 사실도 알게 되었다. 그래서 그때는 조금만 먹고 나중에 맘 편하게 혼자 밥을 먹겠다고 마음먹었다. 놀라운 건, 복통을 겪는다는 이야기를 듣고 그의 상사가 보인 반응이었다.

"혹시 평소에도 죽을 먹을 정도로 위장 상태가 안 좋은가요?"
"아니요. 그 정도는 아닙니다."
"진정한 기업 임원이 되려면 아직 멀었네요."

어떤 사람은 긴장을 삶의 훈장쯤으로 여긴다. 회사를 위해 자신을 희생한 흔적이라고 생각하기도 한다. 다행스럽게 조는 이런 생각에서 벗어난 것 같았다. 오랜만에 진료실을 찾은 조에게 내가 물었다.

"요즘은 어떻게 지내나요?"

"얼마 전에 회사에서 많은 직원들을 내보냈어요. 그래서 남은 사람들이 해야 할 일이 많아졌지요. 업무량이 두 배로 늘긴 했지만, 그래도 그럭저럭 해내고 있습니다. 머지않아 회사를 그만두고 작은 사업을 시작할 생각이에요. 전보다 수입은 줄겠지만, 아내와 함께할 시간은 늘어날 거예요."

요즘도 가끔 배가 아프냐는 질문에, 조가 힘주어 말했다.

"아니요. 불안해질 일을 아예 만들지 않거든요."

떠올리기

우리는 종종 처음을 잊는다. 왜 이 일을 시작했는지 아예 기억하질 못한다. 그리고 눈앞에 닥친 일로 심한 압박을 느낀다. 명절 시즌이 대표적인 예다.

크리스마스 시즌이 다가오면, 우리는 선물 목록을 만든다. 그리고 받을 사람을 위해 물건을 고르고 포장을 한다. 하지만 다들 알고 있듯이, 긴 목록을 지우는 데 열중한 나머지 이 일을 시작한 목적을 잊어버린다. 쇼핑을 다니느라 너무 지쳐서 크리스마스가 지긋지긋하게 느껴진다는 말도 여기저기서 들려오기 시작한다. 이때 해야 할 일이 바

하루에 한 걸음씩 행복해지기

로 '떠올리기'다.

어떤 일이든 시작의 순간이 있다. 한 가지 일을 시작할 무렵에는 그 일을 해내야 할 목표를 알고 열정으로 마음을 채운다. 하지만 얼마 지나지 않아 '해야 할 일' 목록만 남아 크고 작은 압박감을 느끼게 된다. 처음의 목적을 잊은 채 말이다.

분명히 즐겁게 시작한 일인데 어느새 압박감을 느끼고 있다면, 잠시 하던 일을 멈추고 시작할 무렵의 감정을 떠올려 보도록 하자. 이렇게 떠올리기를 해 보는 것만으로 어느새 마음이 행복으로 차오른다. 그러면 압박감에 흔들리지 않고 안정된 감정을 유지할 수 있다.

구분하기

평온을 부르는 마지막 암호는 '구분하기'다. 압박감이 심해지는 이유 가운데 하나는 내가 이 일을 하는 것이 옳은지 확신할 수 없기 때문이다. 우리는 종종 막연한 생각만으로 무언가를 시작하고 자신을 쏟아 붓는다. 그러다가 성공하면 다행이지만, 대부분 잘못된 방향으로 일이 흘러간다. 잘못된 선택을 했다는 자책감에 스스로를 탓하며 괴로워한다. 힘겨운 상황이 시작되는 것이다.

매트라는 사업가들 코칭한 직이 있다. 그는 두지 회사를 운영하고 있었는데, 상황이 좋지 못했다. 큰돈을 투자한 스타트업 기업이 전혀 성과를 내지 못했기 때문이다. 매트는 그 사실을 부끄럽게 여겼다. 그래서 화를 내기도 했다. 자신의 선택이 잘못된 결과를 가져왔단 생각에 자존감에 단단히 상처를 입은 상태였다.

"저는 실패자예요."

그렇게 자신을 탓하는 그에게 '구분하기'를 권했다. 스스로의 가치와 일의 결과를 나누어 생각하라고 말해준 것이다. 매트는 자신의 힘으로 투자 회사를 만들 정도로 지금껏 능력을 발휘해 왔다. 일을 하다 보면 선택의 순간이 오고, 그 선택이 꼭 성공을 가져온다는 보장은 없다. 설사 실패한다 해도 배울 것이 있으며, 스스로의 가치는 여전히 변함없다는 사실을 깨닫는 것이 구분하기의 핵심이다.

매트가 새로운 사업 전략을 알게 된 건 아니다. 하지만 상황을 수습할 능력이 스스로에게 있다는 사실을 깨달은 순간 그의 표정은 눈에 띄게 밝아졌다. 수익률 그래프를 보면서 그의 마음은 다시 혼란스러워질지도 모른다. 하지만 자기 자신과 일의 결과를 구분해야 한다는 걸 알게 된 이상, 그의 마음에서 판단하는 나의 자리는 점점 줄어들 것이다.

의학박사 존 호턴

믿음과 사실

다발 경화증을 앓고 있는 메리는 몇 주일째 감기에 시달리고 있었다. 그녀는 중요한 출장을 앞두고 있었는데, 좀처럼 몸이 회복되지 않았다. 가족들 모두 감기에 걸렸지만, 며칠 만에 모두 상태가 나아졌다. 그런데 메리만 유독 증상이 사라지질 않았다.

그녀의 상태는 나날이 나빠졌다. 나는 그녀에게 휴식을 취하라고 조언했다. 다발 경화증 환자는 감기 증상을 떨쳐 내는 것이 일반인보다 어렵다. 그런데 메리는 좀처럼 쉬려 하지 않았다. 심지어는 '휴식'이란 단어를 들을 때마다 신경질적인 반응을 보였다. 그 이유를 묻자 그녀가 어렵게 말을 꺼냈다.

"저는 멍하게 앉아있는 걸 혐오해요."
"혐오한다고요?"

메리는 어린 시절의 이야기를 꺼내 놓았다. 그녀의 어머니는 오랜 기간 우울증을 앓았다. 어두운 얼굴로 의자에 앉아 있던 무기력한 모습이 머릿속에 남은 어머니의 기억이었다. 메리에게 쉰다는 건 쓸모없는 사람이 된다는 뜻이었다. 그러다 보니 다발 경화증이 있음에도 불구하고, 억지로 활달하게 행동하며 끝내 쉬시 않으려 했다.

"메리, 한 가지 제안이 있어요."

"네?"

"구분하기를 해 보면 어떨까요?"

"구분하기요?"

"쉬고 있는 모습과 쓸모없다는 느낌을 나누어 생각해 보는 거예요. 그러면서 쉴 때라고 말하는 몸의 느낌에 귀를 기울여 보세요."

휴식은 곧 무기력이라는 믿음이 깊숙이 자리 잡고 있었기에, 쉬어야 회복된다는 명확한 사실이 메리의 마음속에 끼어들 자리가 없었다. 조금 시간이 걸리긴 했지만, 스스로의 가치를 잘못된 믿음과 구분하게 되면서 그녀는 휴식을 자신의 삶 속에 받아들였다.

"이제는 쉬어도 죄책감이 들지 않아요."

어느 날 메리가 했던 말이다. 오랜 믿음에서 벗어나는 게 쉬운 일은 아니다. 하지만 몸이 보내는 신호를 알아차리고 제대로 된 사실에 집중하게 되면 우리는 좀 더 건강한 삶을 누릴 수 있다. 몸과 마음의 균형이 잘 유지된 상태로 말이다.

하루에 한 걸음씩 행복해지기

일곱째 날

믿음직한 나무

넘어지지 않고 버티기 위해서는 안정성이 필요하다. 이때 안정성이란 외적인 강함이 아닌, 마음의 회복력을 의미한다.

두 그루의 나무를 상상해 보자. 하나는 바닷가에 서 있는 야자수다. 거센 바람이 휘몰아쳐도 야자수는 좀처럼 부러지지 않는다. 줄기가 유연하기 때문이다. 폭풍우가 몰아칠 때 야자수는 바닥에 닿을 듯 몸을 휘었다가 바람이 사라지면 다시 일어선다. 또 다른 나무는 줄기가 단단한 떡갈나무다. 거센 바람이 몰아치면 얼마 버티지 못하고 가지가 이내 부러시고 민다. 이 두 나무의 차이는 무엇에서 비롯될까? 바람의 세기는 그리 중요한 요인이 아니다. 뿌리의 안정감, 그리고 줄기의 유연함이 핵심이다. 우리의 마음에도 이처럼 안정감과 유연함이 필요하다.

어린 시절에 '아기 돼지 삼형제' 이야기를 들어본 적이 있을 것이다. 지푸라기로 만든 첫째 돼지의 집은 늑대의 입김에 허무하게 날아갔다. 나무로 만든 둘째의 집도 다를 바 없었다. 하지만 벽돌로 지은 셋째의 집은 늑대의 공격을 단단하게 버텨냈다.

마음도 마찬가지다. 생각지도 못한 불안이 갑작스레 덮쳐 와도 마음이 든든하면 쉽게 무너지지 않는다. 거센 폭풍우가 사방을 뒤흔들 때 믿음직하게 버텨줄 나무 한 그루가 우리 마음속에도 필요하다.

다음 활동을 해 보자. 다른 내용을 읽기 전에 먼저 하는 것이 효과적이다.

✎＿＿ **안정감의 나무**

지금부터 그림을 통해 마음을 살펴보자. 이 활동으로 나의 뿌리와 줄기를 파악할 수 있다. 이 책을 다 읽은 뒤 변화된 모습을 살펴보기 위해 한 번 더 이 활동을 해 보아도 좋다.

1. 먼저, 제시된 그림을 참고하여 '생각 발자국'에 나무 한 그루를 그려 본다. 이때 다양한 굵기와 길이를 지닌 뿌리도 함께 그려 준다.

하루에 한 걸음씩 행복해지기

2. 나의 삶에 안정감을 주는 요소들을 각각의 뿌리에 적어 넣는다. 무엇을 적을지 모르겠다면 스스로에게 질문을 던져 보자. "이게 없다면 나는 불안할까?" 그런 다음, 각 요소의 중요도에 맞춰 뿌리의 깊이와 두께를 정한다. 그저 자연스럽게 떠올리면 된다. 처음부터 분석할 필요는 없다.

3. 위쪽에 비와 번개, 바람처럼 나무를 위협하는 요소를 그려 넣어 보자. 그런 뒤 나의 안정감을 뒤흔드는 요인을 하나씩 표시해 준다. 이때 마음을 괴롭히는 '판단하는 나'의 목소리를 넣어도 괜찮다.

4. 다음 질문에 스스로 답하며 나무가 지닌 전반적인 힘을 가늠해 보자. "나의 안정감은 어떨 때 무너질까? 나의 나무를 쓰러뜨릴 가장 강력한 사건은 무엇일까?"

5. 이제 나무가 지닌 안정감의 뿌리를 들여다 볼 차례다. 편안히 앉아서 내가 그린 그림을 바라보자. 많은 경우, 안정감의 뿌리와 불안의 원인에 같은 것이 적혀 있을 가능성이 높다.

예를 들어, 직업은 살아가는 의미와 경제력을 함께 만족시키는 뿌리다. 하지만 불안의 원인이기도 하다. 해고당할지 모른다는 두려움, 직업을 잃었을 때의 상실감을 떠올려 보면 이해하기 쉬울 것이다. 뿌리

하루에 한 걸음씩 행복해지기

중 하나가 신체적 건강이라면, 심각한 병이 찾아왔을 때 안정감이 곧 흔들릴 것이다. 가족도 마찬가지다. 가까운 이들은 안정감의 뿌리인 동시에 휘몰아치는 폭풍우가 되기도 한다. 우리는 삶에 뿌리내리기 위해 사랑하는 사람과 보람 있는 일, 건강한 몸에 의지한다. 이는 매우 자연스럽다. 하지만 그런 것들이 위협받는 순간, 흔들리는 뿌리로 인해 나무는 이내 안정감을 잃는다.

내게 안정감을 주는 요소가 바깥에 있는지 마음에 있는지도 파악해 보자. 자녀, 직업, 결혼생활, 부모 등은 내가 통제하기 힘든 바깥 요인이다. 만약 이에 의존해 안정감을 찾는다면, 아이의 독립, 진로의 변화, 잦은 부부싸움, 부모님의 죽음 등을 겪을 때 안정감이 순식간에 무너질 수 있다.

'안정감의 나무' 활동을 시작할 때 세미나 참가자들은 대부분 바깥 요인을 뿌리에 적어 넣는다. 그리고 세미나가 끝나갈 무렵에서야 내적 안정감의 가치를 알아차린다.

자신의 나무를 그려 보는 일은 현재 상황을 파악하는 데 도움이 된다. 세미나에 참석했던 사람들은 말한다.

"다른 뿌리를 찾아내지 못하면 제 나무는 곧 쓰러질 거예요."

"내가 가진 뿌리가 생각보다 많다는 데 놀랐어요. 앞으론 압박감을 느낄 때 이 나무를 떠올려 보려고요. 마음이 편해질 것 같아요."

안정감의 나무는 고정된 결과물이 아니다. 얼마든지 모습을 바꿀 수 있다. 비바람에 쉽게 흔들리지 않는 믿음직한 나무 한 그루를 마음속에 세워 보자.

의사가 들려준 이야기

의학박사 에드 한젤릭

굳건한 정신

1994년 1월, 캘리포니아 노스리지에서 큰 지진이 일어났다. 나는 지진을 몸소 겪은 환자들과 상담을 진행했다. 엄청난 혼란을 겪었음에도 불구하고 평온함을 유지하는 사람들이 있었다. 비록 집은 잃었지만, 그들은 살아있음에 진심으로 감사해 했다. 조금씩 기운을 찾아가고, 새롭게 살 곳을 마련하느라 분주한 시간을 보냈다. 그리고 얼마 뒤 일상을 회복했다.

반면에 지진의 공포로 잠을 이루지 못하는 사람들도 있었다. 그들은 숨쉬기 힘들어했고, 신경쇠약 증세를 보였다. 심리 치료가 필요한 상태였으며, 증상이 몇 달 동안 이어지기도 했다.

지진은 예기치 못한 큰 사건이다. 이 일을 겪으면서 어떤 이들은 내적 안정감을 상실했고, 다른 이들은 마음속에 든든한 나무 한 그루를 세웠다.

하루에 한 걸음씩 행복해지기

마음의 힘

우리 마음속에는 생각보다 많은 힘이 자리하고 있다. 언제나 그곳에 있어 왔지만, 알아채지 못한 것이 대부분이다. 일단 앞서 배운 것들을 떠올려 보자. 1장에서 우리는 마음의 힘을 알아차릴 때 필요한 세 가지 기준을 살펴본 적이 있다.

첫째, 어린 아이에게서도 찾을 수 있는 힘.
둘째, 볼 때마다 존경하고 감탄하는 만드는 힘.
셋째, 우리 안에 있다는 걸 기뻐하게 되는 힘.

우리는 항상 숨을 쉬고 있지만 그 사실을 일부러 의식하진 않는다. 이처럼 마음의 힘은 우리가 알아채든 알아채지 못하든 항상 마음속에서 숨 쉬고 있다. 다음 활동을 통해 우리가 지닌 마음의 힘을 발견해 보자.

🖊 내 안의 보물 상자

우리는 놀라운 힘을 품고 있나. 내 마음속에 숨이 있는 다양한 힘을 찾아보도록 하자. 위의 세 가지 기준을 참조하면 도움이 될 것이다.

몇 분 정도 시간을 내어 나만의 목록을 만든 뒤, 아래 항목을 살펴보자. 다음은 세미나 참가자들이 스스로 찾아낸 마음의 힘이다.

명료함	기쁨
상상력	평온함
유머	경이로움
직관	지혜
창의력	동정심
희망	**공감**
감사	헌신

하루에 한 걸음씩 행복해지기

용기	친절
사랑	자발성
이해	열정
판단력	신뢰
겸손	순수함
호기심	존경

이 가운데 하나라도 갖고 있다면 매우 대단한 일이다. 사실 당신은 이 모든 힘을 마음속에 품고 있다. 미처 깨닫지 못했을 뿐이다. 알지 못했던 마음의 힘을 찾아 나서 보자. 마음속 보물 상자를 발견하는 순간, 그 영롱함에 눈이 부실 것이다.

의사가 들려준 이야기

의학박사 존 호턴

즐거움의 힘

셰릴은 암에 걸린 상태였다. 큰 수술을 받았고, 여러 번의 화학요법도 겪었다. 충분히 힘든 상황임에도 말끔히 차려입고 항상 쾌활해 보이는 그녀에게 넌지시 질문을 던졌다.

"대체 비결이 뭔가요?"

잠시 생각한 뒤, 셰릴이 미소를 지어 보였다.
"어떤 상황에서도 기쁨을 찾기 위해 애쓰고 있어요."

그녀를 다정하게 바라보던 남편이 고개를 끄덕였다.

"이렇게 힘든데도 즐겁게 지내는 이 사람을 보면 내심 대단하단 생각이 들어요."

그 후 셰릴의 상태는 점점 좋아졌다. 완치 판정을 받을 정도로 말이다. 그런데 얼마 뒤, 남편이 갑작스레 세상을 떠났다. 진료실에 들어서는 그녀에게 괜찮으냐고 조심스레 물었다. 남편을 잃어서 고통스럽지만, 삶을 위해 여전히 노력하고 있다고 그녀는 대답했다. 인생의 다음 페이지는 아들과 함께 유럽에서 채워나갈 계획이라는 말도 덧붙였다. 그녀가 보여주는 평온함에 감탄하며, 인생에서 중요한 것은 무엇일까 질문해 보았다.

"즐거움이 아닐까요. 하지만 다들 미루며 사는 것 같아요."

그녀는 현명하다. 깨달음을 통해 병을 이기고, 상실을 극복하고, 삶의 기쁨을 찾아냈다. 이런 능력은 특별한 사람들만의 전유물이 아니다. 우리가 이미 간직한 힘이다. 미처 발견하지 못했을 뿐이다.

하루에 한 걸음씩 행복해지기

생각 발자국_ 안정감의 나무 그려 보기

생각 발자국_ 내 안의 보물 상자 들여다보기

나의 마음속에 숨어 있는 놀라운 힘은 무엇일까?

- _____
- _____
- _____
- _____
- _____
- _____
- _____
- _____
- _____
- _____

하루에 한 걸음씩 행복해지기

여덟째 날

단단한 방패

　자신을 지키는 방패를 마련하는 것도 안정성을 확보하는 멋진 방법이다. 스스로 선택한 마음의 능력으로 자신만의 방패를 만들 수 있다. 갑옷과 칼을 더하면 방어력이 높아진다. 나의 경우, 강한 불안이 나를 위협할 때 이를 해치울 용사 한 명을 마음속에 세운다. 그 용사는 나의 마음에 간직된 용기, 끈기, 깨달음의 방패를 들고, 강력한 이해의 갑옷을 입는다. 그리고 손에는 또렷함의 칼을 들고 있다.

　사람들은 누구나 불안을 느낀다. 이때 자신의 마음에 용사를 세우고 든든한 방어구를 마련해 두면 힘겨운 상황에서도 스스로를 무사히 지

켜낼 수 있다.

　방어구를 만드는 방법은 어렵지 않다. 자신을 괴롭히는 상황을 떠올린 뒤, 방패, 갑옷, 칼이 되어줄 마음의 힘을 골라 보면 된다. 어떤 힘이 필요한지 모르겠다면, 앞서 보았던 마음의 힘 목록 가운데 적당한 것을 골라 보자. 기억해 두자. 당신은 이 모든 힘을 이미 지니고 있다. 무엇을 선택할지 잠시 생각해 보면 된다.

습관과 선택

어린 시절, 나는 엄지손가락을 자주 빨았다. 다섯 살이 되었을 무렵, 그 습관을 그만두겠다고 마음먹었다. 그 말을 듣고 누나가 말했다.

"엄청 힘들걸."
"아니야. 할 수 있어. 내가 입에 넣었으니까, 빼는 것도 내 맘이야."

그렇게 나는 손가락 빨기를 멈췄다. 그 뒤로 뭔가를 바꾸고 싶을 때마다 생각한다. 이제 그만둘 때가 되었다고. 그런 뒤 오래된 습관은 놓아두고 새로운 습관을 곧바로 시작한다. 잘못된 습관을 되돌리지 않고, 옳다고 느끼는 일을 그냥 해 보는 것이다.

조라는 남성에게 테니스를 가르칠 때도 이 방법이 쓸모 있었다. 당시 나를 찾아온 조는 자신의 자세가 이상하다며 계속 한숨을 내쉬었다.

"공을 칠 때 팔의 위치가 높아요. 그래서 자세가 금세 흐트러져요."
"그 사실을 어떻게 알게 됐죠?"
"나를 가르쳤던 12명의 코치가 모두 그렇게 말했어요."

나는 그에게 자세를 보여 달라고 부탁했다. 그의 말대로 팔이 지나치게 높았다. 쉽지 않은 상황이란 생각이 들었다. 그는 지금껏 12명의 코치를 만났고, 나쁜 습관은 여전했으니 말이다.

　잠시 고민하던 나는 커다란 유리창 앞으로 그를 이끌었다. 오후 햇살이 반사되어 우리 두 사람의 모습이 훤히 비쳤다. 마치 거울 같은 그 유리창 앞에서 내가 말했다.

　"여기서 다시 한 번 자세를 취해 볼래요?"

　조는 당황했지만 내 말을 따라 주었다. 팔을 휘두르던 그가 놀란 듯 말했다.

　"세상에, 사실이네요. 내 팔이 이렇게 높이 들리다니!"

　나는 그를 다시 테니스 코트로 데려왔다. 그리고 네트 반대쪽에 서서 말했다.

　"이제 그쪽으로 공을 보낼게요. 한번 쳐 보세요."
　"자세를 바꿔야 하지 않을까요? 이렇게 형편없는데."
　"지금 당장 바꿀 필요는 없어요. 그냥 느껴 보세요. 공을 치려고 할 때 팔이 어디쯤 올라가 있는지."

　처음 공을 친 뒤 조가 말했다.

　　　　　　　　　　하루에 한 걸음씩 행복해지기

"팔이 거의 머리 높이에 있어요."

"네, 맞아요."

"그럼 이제 자세를 바꿀까요?"

"아니요, 바꿀 필요 없어요. 공을 보내줄 테니 그냥 계속 쳐 보세요. 그러면서 팔의 높이를 제게 말해 주세요."

조는 다행히 내 지시를 따라 주었다. 그러면서 팔의 높이를 계속 말했다. 처음에 그의 팔은 머리 높이였다. 그리고 다시 머리 높이, 다음에는 어깨 높이, 다시 머리. 그리고 몇 개의 공은 가슴 높이에서 쳤다. 그러다가 곧 가슴과 허리 사이의 적당한 높이가 되었다. 조가 놀라워하며 말했다.

"신기하네요. 제 팔이 저절로 내려왔어요."

조는 팔을 내리기 위해 일부러 노력하지 않았다. 단지 자신의 팔이 어느 높이에 있는지만 스스로 관찰했다. 그가 팔을 낮게 든 것은 그 느낌이 더 좋았고 공도 잘 맞았기 때문이다. 자신을 관찰한 뒤 새로운 습관이 만들어진 것이다.

몸에 익은 습관은 바꾸기 힘들다. 습관을 고치려 애쓰기보다 관찰하는 것이 먼저다. 자신의 상태를 정확히게 알아채면 몸이 알아서 움직여 주기 때문이다.

"이 습관은 정말 나빠. 반드시 고쳐야 해."

이렇게 접근하면 몸이 긴장한다. 그러면 상황이 더욱 나빠진다. 오랜 습관을 해결하고 싶다면 판단보다는 관찰이 먼저다. 어느새 시작된 변화에 스스로 놀라게 될 것이다.

의사가 들려준 이야기

의학박사 에드 한젤릭

방패를 든 용사처럼

데비는 여러 차례 큰일을 겪었다. 홍수로 집을 잃었고, 머물던 호텔에 불이 나서 긴급하게 대피를 해야 했다. 건강도 나빠졌고, 경제적으로 곤란한 지경에 처하기까지 했다. 이런 상황이 계속되다 보니 데비의 몸은 여기저기 고장이 나고 말았다. 가장 심각한 건 목 상태였다. 후두염이 심해 목소리를 제대로 낼 수 없었다. 속삭이는 정도만 겨우 가능했다. 전쟁 같은 삶을 사는 그녀에게 내가 말했다.

"데비, 당신이 전쟁터 한가운데 우뚝 서 있는 무적의 용사라고 상상해보면 어떨까요? 창과 화살을 모두 막아낼 수 있는 커다란 방패를 들고 있는 거죠."

"방패라고요?"

하루에 한 걸음씩 행복해지기

"네, 그 방패에는 데비가 지닌 소중한 능력들이 새겨져 있어요. 혹시 생각해본 적 있나요? 말을 하지 못하는 게 그다지 나쁜 일은 아니란 걸요. 참선 수업을 제대로 받으려면 수백 달러가 들어요. 그곳의 첫째 규칙은 침묵이죠. 데비는 그 기회를 공짜로 누리고 있는 거예요."

"그럼 제 방패의 첫 번째 능력은 침묵인 거네요."

그렇게 속삭이며 데비는 웃음을 터트렸다. 기분이 한결 가벼워진 듯했다. 스스로를 불쌍하게 여기던 그녀가 상황을 다르게 바라보기 시작했다.

"제 방패에 용기도 넣어야겠어요. 그런데 놀랍네요. 제게 아직 웃을 여유가 남아 있다니."

"유쾌함도 방패에 새겨 넣으세요."

지금껏 데비는 자신의 삶이 너무 불공평하다고 느꼈다. 그러면서 심한 불안을 느꼈다. 이런 상황에서는 최악의 상상을 하게 된다. 노숙, 가난, 죽음이 눈앞에 있는 것처럼 느껴지는 것이다. 다행스럽게도 데비는 마음속에 커다란 방패를 만들기 시작했다. 시간은 걸리겠지만, 상황을 최악으로 여기는 습관은 곧 사라질 것이다.

거절의 필요성

살다 보면 마지못해 고개를 끄덕이는 일이 생긴다. 상대는 쉽게 말을 꺼내지만, 정작 부탁을 들어주는 당신은 적지 않은 부담을 느낀다. 이런 일은 가까운 사람과의 관계에서 더욱 빈번하게 일어난다. 이때 당신의 방패에 새겨야 할 능력이 바로 '거절'이다. 얼마 전 한 상점에서 계산대 위에 적힌 문장을 보았다.

"주디스에게.

모든 게 네 탓이고

돌이킬 수 없는 책임이라고

느끼지 말렴.

그건 내 일이란다.

사랑을 담아,

하느님."

거절은 당신의 안정감이 무엇보다 중요하다는 표시다. 부탁받은 일에 무조건 '네'를 외치면, 당신의 상황은 점점 나빠진다.

상대의 요구에 창의적으로 대응해 보자. 다른 사람과 할 일을 나누고, 비상시를 대비해 계획을 세우며, 우선순위를 정하는 것들 모두 당신이 휘두를 수 있는 권리다.

집 뒤편에 기차역이 있다고 상상해 보자. 사람들이 기차역에 빨리 가기 위해 잔디밭을 몇 년 동안 마구 밟고 다닌다면 당신은 분명 화가 날 것이다. 더 이상 시달리지 말고 이렇게 말하자.

하루에 한 걸음씩 행복해지기

"여긴 내 땅입니다. 앞으로 지나다니지 마세요."

잔디밭 주위에 울타리를 세우면 사람들은 처음엔 짜증을 낼 것이다. 하지만 그뿐이다. 곧 다른 길을 찾아 기차역에 가게 된다. 거절은 그런 것이다. 처음엔 힘들지만 곧 편안해진다.

✏️ '안돼요'라고 말해 보기

대부분의 사람들이 거절을 힘들어한다. 친절하고 배려 깊은 사람이란 평판에 익숙해져 있기 때문이다. 낯설게 들릴지도 모르지만, 거절을 하는 데도 연습이 필요하다.

먼저, 일주일 동안 받았던 요구사항을 종이에 써 두자. 한주가 끝나갈 즈음, 그 목록을 들여다보며 잠시 생각해 보자. 내 마음을 불편하게 만들었던 부탁은 무엇인가? 거절할 수 있었는데 못했던 경우는? 혹시 습관적으로 고개를 끄덕이진 않았던가?

이 연습을 하다 보면 '안돼요'라는 말이 좀 더 쉬워질 것이다.

생각 발자국_ '안돼요' 연습하기

최근 일주일 동안 내가 받았던 요구 사항은?

- _____
- _____
- _____
- _____
- _____
- _____

이 가운데 내 마음을 불편하게 만들었던 부탁은?

- _____
- _____
- _____
- _____

거절할 수 있었는데 못했던 경우는?

- _____
- _____
- _____
- _____

하루에 한 걸음씩 행복해지기

아홉째 날

내 삶의 주인

안정감에 관해 논할 때 꼭 짚어둘 사항이 있다. 바로 '내 삶의 주인은 나'라는 사실이다. 당연한 듯 보이지만 이것을 실현하는 사람은 드물다. 아흔이 넘은 제이미 삼촌도 그랬다.

"삼촌, 인생에 별다른 후회는 없으시죠?"

얼마 전 94세 생일을 맞은 삼촌에게 레슬리가 물었다. 그러자 제이미 삼촌이 대답했다.

"꼭 그렇진 않은 것 같구나."

"왜요? 제법 성공적인 삶을 사셨잖아요."

"너도 알잖니. 그게 나를 위한 삶은 아니었다는 걸. 돌이켜 보면, 그저 아내와 자식을 위해 일평생을 살았던 것 같아. 그게 후회스러워."

제이미 삼촌의 말은 우리에게 생각할 거리를 준다. 잘 살고 있다고 자부하지만, 내 인생에 나는 없고 다른 사람만 가득한 경우가 수두룩하다. 삶이라는 자동차를 상상해 보자. 운전대를 잡고 있는 사람은 나지만, 정작 뒷좌석에 앉아 있는 사람들이 나를 향해 소리를 치기 시작한다.

"속도를 줄여."

"여기선 멈춰야지."

"그렇게 우물쭈물하지 말고 어서 출발해!"

쏟아지는 조언 속에서 중심을 세우기란 쉽지 않다. 그래서일까. 어떤 이들은 운전대를 아예 뒷좌석에 넘겨주기도 한다.

"혹시 사고가 나더라도 내 잘못은 아니니까."

이렇게 위안을 삼으면서 말이다. 하지만 이건 안타까운 결론이다. 내 삶을 스스로 책임지지 않는다면 대체 누가 그길 대신해준단 말인가.

하루에 한 걸음씩 행복해지기

계속 그렇게 살다간 당신 무덤 앞에 이런 글귀가 새겨질지도 모른다.

'내 책임은 아니다'

삶이라는 자동차를 스스로 모는 사람은 얼핏 사고뭉치로 보일 수도 있다. 실수도 많고, 종종 시행착오를 겪기 때문이다. 하지만 시간이 흐른 뒤, 그들은 '후회 없는 삶'이라는 선물을 받는다. 기억하자. 안정감을 제대로 누리기 위해서는 인생의 주인이 되어야 한다. 힘들다고 운전대를 넘겨서는 안 된다. 서툴러도 자꾸 해보는 것만이 능숙한 운전자가 되는 길이다.

잘 산다는 것

주도적인 삶을 산다는 건 회사의 경영자가 되는 것과 흡사하다. 눈앞에 닥친 일을 처리하고, 끊임없이 결정을 내려야 한다는 측면에서 말이다. 주변의 조언을 구할 수도 있지만 중요한 선택은 결국 스스로 해야 한다. 복잡하게 생각할 필요는 없다. 마음에 안 들면 바꿀 수 있다는 것, 그 단순함을 깨닫는 게 핵심이다.

자동차의 운전대와 마찬가지로, 삶이라는 회사 역시 실선권을 다른 이에게 나눠주는 순간 자신의 권리는 그만큼 쪼그라든다. 내 인생이

다른 사람에 의해 좌지우지되는 장면을 지켜봐야 한다는 뜻이다. 다행스러운 건, 그게 잘못이라는 사실을 깨달은 순간 넘겼던 권리를 다시 되찾아올 수 있다는 사실이다. 팔았던 주식을 다시 사들이는 것과 비슷하다. 경영권 방어를 위해서 말이다. 주식을 매집할 때 적잖은 돈이 들어가는 것과 마찬가지로, 내 인생의 주도권을 되찾아올 때도 만만치 않은 대가가 필요하다. 그렇게 매정할 줄 몰랐다는 비난, 그러다 실수하고 말 거라는 단정 등이 그것이다. 하지만 삶이 자신의 것이란 사실을 깨닫게 되면 그런 말쯤은 쉽게 넘길 수 있다. 주도권 잃었을 때 느끼는 상실감이 얼마나 큰지 알게 되기 때문이다.

주도권을 되찾지 않아도 안정감을 유지하는 경우도 있다. 결혼이 대표적인 예다. 하지만 이 경우도 두 사람이 각자 삶의 주인이란 전제가 깔려 있다. 거절과 승낙을 스스로의 의지로 할 수 있을 때, 두 사람은 안정감을 공유할 수 있다.

의사가 들려준 이야기
의학박사 에드 한젤릭

적극적인 환자

캐런은 유방암 진단을 받았다. 수술을 앞둔 시점에서, 그녀는 자신의

하루에 한 걸음씩 행복해지기

생각을 적극적으로 표현했다. 이건 매우 놀라운 일이다. 환자들은 보통 자신이 작고 무력하다고 느낀다. 그래서 대개 이렇게들 말한다.

"알겠습니다. 의사 선생님 말씀대로 할게요."

하지만 캐런은 협상을 하겠다는 의지를 내비쳤다. 수액도 그 대상 중 하나였다. 캐런은 회복실에서 대량의 비타민을 투여받길 원했다. 사실 그건 일반적인 처방은 아니었다. 하지만 의사들이 상의하여 최대한 그녀의 뜻을 수용하기로 했다. 또한 캐런은 수술 참관을 부탁하며 나에게 메모 한 장을 건넸다. 거기엔 내가 살필 것들의 목록이 적혀 있었다. 비타민 주입 지시, 수술용 염료 체크, 헤드폰을 통해 그녀가 듣게 될 음악 확인 등등이었다. 외과 전문의인 캐런의 담당의가 내게 말했다.

"캐런은 독특하지만 좋은 사람이에요. 흔한 경우는 아니지만, 수술과 치료에 참여하는 건 그녀의 권리니까요."

마취과 전문의와 약사도 캐런의 의견에 귀를 기울였다. 그 후 캐런은 화학요법을 받을 때도 적극성을 발휘했다. 강해지고 싶다는 마음을 담아 환자복 위에 빨간 망토를 걸친 것이다. 종양 전문의는 그런 시도가 힘든 치료를 견디는 데 도움이 될 거라고 고개를 끄덕였다.
캐런은 자신의 치료를 의사의 손에만 맡겨 두지 않았다. 주인의식을 발휘했고, 원하는 바를 하나씩 이뤄갔다. 의사들은 대개 질병을 전투의 대상으로 본다. 그러다 보니 환자의 요구에 이렇게 대답한다.

"물러나 있어요. 싸우는 건 내 몫입니다. 끝나면 알려 드리죠."

그러나 의학적 연구를 종합해 볼 때 환자의 참여는 회복을 촉진하는 효과가 있다. 당뇨병 치료가 좋은 예다. 환자가 병을 인정하고 조치를 취하기 시작하면, 혈당이 저절로 조절되어 약을 줄이거나 중단해도 괜찮을 때가 많다는 사실이 밝혀졌다.

하루에 한 걸음씩 행복해지기

하루에
한 걸음씩
행복해지기

3장

불안에서 벗어나
제대로 행복해지기

단어에 새로운 의미를
부여하는 것만으로
마음의 평온을
얻을 수 있다.

이번 장에서는 불안한 상황에서 평온을 찾을 수 있는 여덟 가지 방법을 알아볼 것이다. 나는 이 방법들을 마음속 도구 상자에 넣어두고 필요할 때마다 꺼내 쓴다. 쉽고 간단하며, 생각보다 효과적이다. 세미나 참가자들도 이 방법을 통해 많은 도움을 받았다고 입을 모았다. 이제부터 함께 살펴보자.

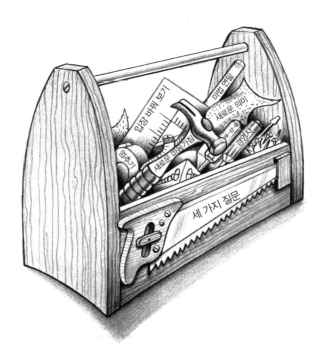

하루에 한 걸음씩 행복해지기

열째 날

첫 번째 방법: 멈추기

불안하고 긴장이 될 때 우리는 종종 폭주하는 기관차처럼 내달린다. 때론 당구공처럼 이리저리 부딪히며 의도치 않은 사건을 일으키기도 한다. 그런 행동을 하는 사람들에게 이유를 물어보면 이런 대답을 한다.

"직장에서 정말 비참한 하루를 보냈거든요."
"아침에 별 거 아닌 일로 아내와 다퉜어요."

이런 경우는 스포츠의 세계에서도 손쉽게 찾아볼 수 있다. 골프장을 떠올리면 이해가 쉽다. 경기 초반, 흔들리는 샷에 슬슬 짜증이 나는데, 빗맞은 공이 그만 숲속으로 사라진다. 당신은 생각한다.

'다 틀렸어. 진짜 형편없군. 왜 이렇게 못하는 거지? 짐을 싸서 아예 집으로 가는 게 낫겠어.'

이런 식으로 이어지는 생각은 좀처럼 가라앉지 않는다. 이때 몇 초만 멈추고 스스로에게 물어 보자.

'난 여기 왜 온 거지?'

단순히 이 질문을 던지는 것만으로 상황은 훨씬 좋아진다. 골프장에 온 이상 좋은 결과를 내고 싶은 건 당연하다. 하지만 잠깐 멈추고 주위를 둘러보면 부정적인 생각의 고리가 끊어지는 것이 느껴질 것이다. 공 하나에 울고 웃지 말고 야외에서 즐거운 한때를 보내자는 마음이 드는 것이다. 이처럼 힘겨운 상황에서 잠시 멈추는 것만으로 우리는 '안정'이라는 목적을 이룰 수 있다.

멈춤의 간결함

지난 세월동안 수많은 이들과 마주하면서 '멈춤'이 얼마나 강력한 방법인지 우리는 새삼 깨달았다. 세미나에서 참가자들에게 가장 먼저 알려주는 것 또한 멈춤이다.

멈춤은 '물러서기-생각하기-나아가기'의 간단한 과정을 통해 완성된다. 일단 물러서서 마음을 가라앉히고, 여유를 갖고 생각한 뒤, 올바른 방향으로 나아가는 것이다. 이 단계를 거치는 깃민으로 상황은 놀랄 만큼 좋은 쪽으로 흘러간다. 하나씩 살펴보자.

물러서기

잠시 뒤로 물러서면 시야가 넓어진다. 그래서 새로운 체험을 할 수 있다. 큰 기업의 대표인 조지에게도 물러서기가 제법 유용하게 쓰였다. 세미나에 처음 참석했을 때만 해도 그는 '물러서기'에 거부감을 보였다. 물러서기는 할일을 미루는 것이라고 생각했던 것이다. 나는 그에게 힘겨운 상황과 잠시 떨어져 있는 것만으로 큰 도움이 된다고 설명했고, 그는 마지못해 고개를 끄덕였다. 일주일 뒤, 세미나에 다시 온 조지의 표정이 한층 밝아져 있었다. 이유를 물었더니, 그가 설명해 주었다.

며칠 전, 그는 한 임원이 통화를 하기 위해 대기하고 있다는 사실을 비서에게 들었다. 사실 그 임원은 문제가 터질 때마다 조지에게 전화를 하곤 했다. 비서의 말을 듣자마자 조지는 가슴이 두근거렸다. 그 임원이 저지른 일을 자신이 또 해결해야 한다는 생각에 압박감이 몰려온 것이다. 다행히 그 순간 '물러서기'가 떠올랐고, 조지는 즉시 비서에게 말했다.

"오늘은 통화할 수 없다고 말하세요."

약간의 죄책감이 들긴 했지만, 이 상태로 통화를 해 보았자 좋은 해결책이 나올 리 없다는 생각이 들었다. 그리고 며칠 뒤, 그 임원이 다시 전화를 걸어왔다. 신기하게도 이번엔 가슴이 두근거리지 않았다.

통화를 하면서, 조지는 그 임원이 스스로의 힘으로 문제를 해결했다는 소식을 들을 수 있었다.

물러서기를 할 때 따로 정해진 시간은 없다. 하루 이상 물러설 수도 있고, 대화를 하기 전 단 몇 초도 좋다. 이 과정을 통해 우리는 상황을 바꿀 여유가 생긴다.

생각하기

물러서기를 성공적으로 수행했다면, 이젠 잠시 생각을 해 볼 차례다. 이때 차분해지는 공간을 골라도 좋고, 잠시 생각을 정리할 시간을 가져도 좋다. 이 '생각하기'를 통해 제니퍼는 고질적인 상황에서 벗어날 수 있었다.

세미나에 참석해 이야기를 나누는 자리에서 제니퍼는 힘없이 자신의 이야기를 털어놓았다. 헤어진 전남편과 일 년에 한 번씩 세금 문제로 긴 통화를 하는데, 매번 말문이 막혀 불리한 상태로 전화를 끊는다는 것이었다. 그녀는 이 문제로 고민이 많아 보였다. 물러서기와 생각하기를 배운 뒤, 제니퍼는 전남편과 통화를 하게 되었다. 역시나 전남편은 화려한 말솜씨로 올해의 세금 문제도 자신이 유리한 방향으로 이끌기 시작했다. 말문이 막힌 순간, 제니퍼가 말했다.

"잠깐만 기다려요."

제니퍼는 일단 전화를 끊고, 자신이 할 말을 종이에 적었다. 그리고 조금 뒤 전화를 걸었다. 전남편은 평소처럼 자신의 의견을 쏟아냈다. 하지만 생각을 정리한 제니퍼는 더 이상 그 말에 휘둘리지 않았다. 끝까지 자신의 생각을 지켰고, 만족감을 느끼며 대화를 끝냈다. 전남편은 무척 당황해했고, 제니퍼는 스스로가 무척 자랑스러웠다.

🖊 생각하기 연습

잠시라도 생각에 잠길 수 있는 적당한 장소를 찾아보자. 사무실, 카페, 침실, 거실, 화장실, 어디든 상관없다. 그 장소에 잠시 머무르며 자신이 처한 상황을 떠올려 보자. 깊이 생각하지 않아도 괜찮다. 그저 마음에서 느껴지는 감정 정도면 충분하다.

- 지금 이 일은 왜 일어났을까?
- 이 상황에서 나는 어떤 감정을 느낄까?
- 가장 먼저 해결해야 할 일은?
- 무엇이 나를 가로막고 있는 걸까?
- 지금 당장 해낼 수 있는 일은 뭘까?
- 이 상황을 즐길 방법을 찾는다면?

이런 몇 가지 질문만 스스로에게 던져 보아도 상황은 훨씬 좋아진다.

나아가기

물러서기와 생각하기를 익힌 당신은 이제 더 나은 선택을 할 수 있다. 이제 생각을 실천에 옮길 차례다. 실패해도 괜찮다. 생각한대로 행동해 보고, 이게 아니다 싶으면 다시 해 보면 될 일이다. 기억하자. 실천 없이는 성취할 수도, 배울 수도 없다.

멈춤의 단계인 '물러서기-생각하기-나아가기'를 알려 주다 보면, 가끔 이 과정이 자신의 발걸음을 느리게 만들어 경쟁력을 약화시킬까 봐 걱정하는 사람들을 만나게 된다. 사실 이 과정은 더 힘찬 발걸음을 내딛기 위한 숨고르기 단계다. 이 과정을 통해 방향을 찾게 되면 더 쉽고 깔끔하게 나아갈 수 있다. 그러니 일상생활 속에서 이 방법을 자주 활용해 보자.

긴 멈춤과 짧은 멈춤

멈춤은 때에 따라 길이가 다르다. 때론 짧고, 때론 길다. 진로를 바꾸고자 할 때, 인생의 동반자를 찾을 때, 사랑하는 이와 이별했을 때, 압박감 온도가 지나치게 높을 때 우리에겐 긴 멈춤이 필요하다. 이를 통해 또렷한 생각에 도달할 수 있다. 하루 중 멈춤을 사용할 순간을 설정해 두면 크게 도움이 된다. 예를 들면 이렇다.

- 오전 시간에 잠시 멈추고 그날의 할 일을 떠올린다.
- 잠들기 전에 잠시 멈추고 하루 일과를 떠올려 본다.
- 화가 치밀어오를 때 잠시 멈추고 이유를 생각한다.
- 회의실에 들어서기 전 잠시 멈추고 핵심 주제를 되새긴다.
- 차에서 나서기 전 잠시 멈추고 아이와 보낼 즐거운 시간을 상상한다.
- 저녁 약속 전에 잠시 멈추고 친구와 나눌 대화 주제를 정리한다.

처음엔 조금 어색할 수 있지만, 멈춤을 점점 더 자주 사용하게 될 것이다.

하루에 한 걸음씩 행복해지기

생각 발자국_ 생각하기 연습

지금 겪고 있는 힘든 상황은 무엇인가?

_____

_____

_____

이 일은 왜 일어났을까?

_____

_____

_____

이 상황에서 나의 느낌은?

_____

_____

_____

가장 먼저 해결해야 할 일은?

_____

_____

_____

나를 가로막고 있는 것은?

_____

_____

_____

당장 해낼 수 있는 일은?

_____

_____

_____

이 상황을 즐길 방법은?

_____

_____

_____

하루에 한 걸음씩 행복해지기

열한째 날

두 번째 방법: 내가 경영자

불안한 상황에서 평온을 찾는 두 번째 방법은 '삶이라는 회사의 경영자는 바로 나'라는 사실을 깨닫는 것이다. 세미나에서 이 방법을 연습해 보니 반응이 뜨거웠다. 참가자들은 새롭게 깨달은 자신의 역할에 쏙 빠져들었다. 한 중년 회사원의 이야기에 귀를 기울여 보자.

"인생이라는 회사의 경영자로서, 스스로 결정을 내려야 할 사항이 의외로 많다는 걸 깨달았습니다. 사실 지금까지는 중요한 것과 그렇지 않은 것에 대한 구분이 너무 서툴렀어요. 모든 길 길들이려고 아등바등 살았지요. 잠시 쉴 틈도 없이 말이에요. 이제는 그러지 말아야겠다는 생각이 문득 들었어요. 앞으론 열심히 해야 할 때와 쉴 때의 구분을 확실히 할 생각입니다. 다른 누구에게 허락받을 필요도 없죠. 내 삶의 경영자는 바로 나 자신이니까요."

✎____ 중요한 결정 내려 보기

인생을 경영하는 내 모습을 상상해 보자. 이때 반드시 기억해야 할 것은 내 삶의 모든 것을 결정할 수 있는 유일한 사람은 바로 '나'라는 사실이다. 그 사실을 마음에 새긴 뒤 아래의 질문에 답해 보자.

1. 내 삶의 목적은 무엇인가?

나는 누구인가? 나는 무엇을 위해 살아가는가? 보람 있게 살기 위해 내가 꼭 해야 할 일은 무엇인가?

2. 나는 주로 무엇을 하며 시간을 보내는가?

나의 하루 일과를 머릿속에 그려 보자. 나는 어떤 일에 가장 많은 시간을 쓰는가? 일과 휴식의 균형은 어떠한가?

3. 내 삶의 우선순위는?

나는 무엇을 중요하게 생각하는가? 업무에 신경 쓰느라 스스로를

하루에 한 걸음씩 행복해지기

살피지 못하는 건 아닌가? 나의 건강과 행복을 충분히 고려하고 있는 상태인가?

4. 나의 진정한 힘은 무엇인가?

나의 장점은 무엇인가? 스스로 단점이라 여겼던 것이 때론 장점이 될 수 있다는 사실을 알고 있는가? 위기가 닥쳤을 때 가장 힘이 될 수 있는 나의 내적 능력은 무엇인가?

5. 내 인생을 좌우하는 다른 존재가 있는가?

배우자, 부모, 자식, 상사, 친구가 내 인생에 허락 없이 끼어들진 않는가? 내 인생의 일부를 빼앗아간 활동이나 이념, 중독의 대상이 있는가?

6. 내 인생의 주도권을 빼앗기진 않았는가?

소중한 내 인생을 나 이외의 다른 존재가 차지하고 있지는 않은가? 인정받기 위해, 돈을 벌기 위해, 사랑받기 위해 내 삶의 주도권을 넘긴 건 아닌가? 마음의 안정을 찾기 위해 술이나 담배에 의존하고 있진 않은가?

7. 주도권을 되찾는 방법은 무엇인가?

혹시 다른 존재에게 내 인생의 주도권을 빼앗긴 상태라면 그것을 어떻게 되찾아야 하는가? 호감을 얻기 위해, 미움을 받을까봐 두려워서, 혹은 그냥 귀찮아서 타인의 의견을 무조건 따랐다면, 앞으론 그러지 않을 결심이 섰는가?

의사가 들려준 이야기

의학박사 존 호턴

내 인생은 나의 것

멜라니는 자주 병에 시달렸다. 감기에 걸리면 한 달은 갔고, 일레르기 증상도 2주 이상 지속됐다. 이상한 건, 그녀가 남들보다 바람직한 생활을 하고 있다는 사실이었다. 영양분을 골고루 섭취했고, 규칙적인 운동도 하고 있었다. 자주 아픈 이유를 그녀 자신도 알 수 없었다. 그녀가 진료실에 찾아왔을 때, 나는 세미나 참여를 권했다. 아무래도 그러는 편이 더 도움이 될 것 같았다.

몇 달이 흐른 뒤, 한 카페에서 멜라니와 우연히 마주쳤다. 그녀는 친구들과 이야기를 나누면서 유쾌하게 웃고 있었다. 눈이 마주친 순간, 그녀가 벌떡 일어나 나에게 다가왔다. 그리고 기쁜 듯 말했다.

"박사님 덕분에 제 인생을 구했어요."

"네?"

"세미나에 가보라고 하셨잖아요. 그곳에서 깨달았어요. 그동안 내 삶

하루에 한 걸음씩 행복해지기

을 낭비했다는 사실을요."

멜라니가 전해준 이야기는 이러했다. 세미나에 다녀온 후, 그녀는 알게 되었다. 자신의 남편이 형편없는 사람임을. 그는 아내를 전혀 존중하지 않았다. 그리고 입버릇처럼 말했다.

"내 말대로 해. 당신 의견은 필요 없어."

그런 남편에게 맞춰 사느라 멜라니는 언제나 힘겨웠다. 감정 소모가 컸기 때문이었다. 이혼을 결심한 뒤, 그녀는 더 이상 아프지 않았다. 자신의 인생을 되찾았단 기쁨에 항상 웃는 얼굴이었다. 어느 날, 그녀의 남편이 진료실로 찾아왔다. 못마땅한 표정으로 그가 말했다.

"호턴 박사님, 아내가 말도 안 되는 생각을 합니다. 내 말만 들으면 아무 일도 없을 텐데, 감히 혼자 살겠다고 고집을 부리네요. 좀 말려주세요."

멜라니는 결코 예전으로 돌아가지 않을 것이다. 인생이란 무대에서 당당히 주인공이 되었으니 말이다.

생각 발자국_ 중요한 결정 내려 보기

1. 내 삶의 목적은 무엇인가?

_____

_____

_____

2. 나는 주로 무엇을 하며 시간을 보내는가?

_____

_____

_____

3. 내 삶의 우선순위는?

_____

_____

_____

4. 나의 진정한 힘은 무엇인가?

_____

_____

_____

하루에 한 걸음씩 행복해지기

5. 내 인생을 좌우하는 다른 존재가 있는가?

_____

_____

_____

6. 내 인생의 주도권을 빼앗기진 않았는가?

_____

_____

_____

7. 주도권을 되찾아올 방법은 무엇인가?

_____

_____

_____

열두째 날

세 번째 방법: 세 가지 질문

몇 달 전 세미나에서 있었던 일이다. 쉬는 시간이 끝나 가는데 한 참가자가 보이지 않았다. 그가 어디 갔는지 묻자, 다른 참가자가 알려주었다.

"바깥에서 통화를 하고 있어요. 오래 걸릴 거라고 하던데요."

삶을 경영하는 방법을 오전 내내 연습했는데, 그는 다시 전화에 붙잡혀 있었다. 아직도 그에게 전화란, 자신이 마음대로 할 수 없는 무엇인 것 같았다.

하루에 한 걸음씩 행복해지기

이처럼 우리는 스스로 어찌할 수 없는 것들에 둘러싸여 있다. 끊임없이 밀려오는 연락, 주변 사람들과의 관계, 어쩔 수 없이 해내야 하는 업무, 자꾸 나빠지는 세계 경제 지표 등 내 손으로 통제할 수 없는 것들이 주위에 가득한 것처럼 느껴진다. 우리가 매일 겪는 대표적인 상황을 몇 가지만 정리해 보자.

- 교통 체증으로 막히는 길을 내가 어찌할 수 없다.
- 변덕스러운 상사의 기분을 내가 어찌할 수 없다.
- 매달 오르는 대출 이자를 내가 어찌할 수 없다.
- 시시각각 바뀌는 오늘의 날씨를 내가 어찌할 수 없다.

이것뿐만이 아니다. 가장 가까운 가족도 내 맘대로 못하는 것이 현실이다. 당신에게 십대 자녀가 있다고 상상해 보자. 청소년들은 자기주장이 강하다. 이 또한 성장의 과정이다. 하지만 부모는 자녀를 단속하고 싶어 한다. 무사하게 자라기를 바라는 마음에서다. 자연스럽게 갈등이 생긴다.

부모가 더 많이 간섭할수록 자녀는 더 자주 반항한다. 이때 부모는 생각한다. '통제의 열쇠는 내가 쥐고 있어. 곧 내 말을 듣게 될 거야.' 틀린 말은 아니다. 하지만 부모가 어찌할 수 없는 일도 많다. 바로 이런 것들이나.

- 자녀의 태도
- 학업에 대한 열정
- 좋아하고 싫어하는 것
- 부모의 의견에 대한 존중
- 어떤 말을 들을 것인지에 대한 결정

우리는 종종 말한다.

"왜 다들 내가 원하는 대로 행동하질 않지?"

하지만 생각해 보자. 내 맘대로 되지 않는 수많은 일에 여태껏 얼마나 많은 에너지를 쏟아 부었는지 말이다. 초조한 마음에 무리하게 행동해 보았자 바뀌는 건 아무것도 없다. 자동차로 가득 찬 도로 한가운데서 계속 경적을 울려대는 것처럼 말이다. 그래봤자 앞차는 움직이지 않는다. 이럴 때 시도할 수 있는 것이 바로 스스로에게 질문을 던져 보는 것이다.

세 가지 질문

답답함을 느낄 때 다음 세 가지 질문에 스스로 답해 보자.

하루에 한 걸음씩 행복해지기

1. 이 상황에서 내 힘으로 어찌할 수 없는 것은?

2. 이 상황에서 내 힘으로 바꿀 수 있는 것은?

3. 아직까진 못했지만 앞으로 달라질 수 있는 것은?

다음의 예를 보면 좀 더 이해하기 쉬울 것이다.

증권 중개 일을 하는 친구가 있었다. 그는 몇 년 전 경기 침체로 많은 돈을 잃었다. 그때 자신감도 함께 잃었다. 하루는 그 친구가 나를 찾아와 속이야기를 털어놓았다. 집에서 온종일 꼼짝도 하지 않고 모니터만 들여다보고 있다고 그는 고백했다. 맘 편히 잠을 잘 수도 없고, 오르내리는 주식 시세에 하루에도 몇 번씩 가슴을 졸인다며 괴로워했다. 그저 손실을 만회해야 한다는 생각만 머릿속에 가득했다. 나는 친구에게 세 가지 질문에 대해 말했다. 조금 망설이다가, 친구는 조심스레 질문에 대답했다.

1. 이 상황에서 내 힘으로 어찌할 수 없는 것은?

• 변덕스러운 시장 상황은 내가 어찌할 수 없다.

• 경기침체와 세계 경제는 내 힘 바깥의 일이다.

• 이미 잃은 돈은 내가 어찌할 수 없다.

• 나를 비니보는 고개이 마음은 어씨힐 수 없다.

• 실패자라고 말하는 마음의 목소리를 어찌할 수 없다.

• 문득 불안해지는 내 감정을 어찌할 수 없다.

2. 이 상황에서 내 힘으로 바꿀 수 있는 것은?

• 주식을 언제 사고팔지에 관한 내 생각을 바꿀 수 있다.
• 최악의 미래를 상상하는 내 마음을 바꿀 수 있다.
• 증권을 거래하는 내 능력을 키울 수 있다.

3. 아직까진 못했지만 앞으로 달라질 수 있는 것은?

• 지금의 상황을 있는 그대로 받아들일 수 있다.
• 컴퓨터를 잠시 멀리할 수 있다.
• 주말에 휴식을 취한 뒤 산뜻하게 일터로 돌아올 수 있다.
• 주식시장과 내 자신을 분리할 수 있다.
• 부정적인 생각을 줄일 수 있다.
• 불안정한 시장 상황을 고려할 수 있다.
• 이미 잃은 돈에 대해 덜 슬퍼할 수 있다.
• 편안한 마음으로 창의성을 발휘할 수 있다.

세 가지 질문에 답을 하면서, 자신의 힘으로 해낼 수 있는 일이 생각보다 많다는 것을 그는 깨달았다. 그리고 기쁜 마음으로 사리에서 일어났다. 세 가지 질문에 답을 하다 보면 내가 어찌할 수 없는 것은 외부적 요인이고, 내 힘으로 가능한 건 내부적 요인임을 문득 알게 된다. 지금 처한 상황 때문에 꼼짝없이 갇힌 느낌이 든다면 세 가지 질문을 던져 보자. 좋은 결과를 얻을 것이다.

에픽테토스의 조언

지금으로부터 2천 년 전에도 사람들은 답답한 현실로 고통 받았다. 노예로 태어나 로마에서 가장 유명한 철학자가 된 에픽테토스가 남긴 인상적인 말을 들어 보자.

"한 가지 원칙을 명확하게 이해하면 행복해질 수 있다. 어떤 것은 내 뜻대로 할 수 있지만, 어떤 것은 내 맘대로 할 수 없다는 것 말이다. 생각, 욕심, 의욕, 미움 등은 내 뜻대로 할 수 있다. 타고난 신체, 부유한 부모, 남들의 시선, 사회의 분위기는 내 뜻과는 상관없다. 이런 것들에 마음을 쓰면 결국 불행해질 뿐이다."

열셋째 날

네 번째 방법: 새로운 마음가짐

불안한 상황에서 평온함을 찾는 다른 방법은 새로운 마음가짐을 갖는 것이다.

우리는 살면서 예상 못한 상황과 마주치곤 한다. 그때 마음속에서 일정한 방향을 지닌 생각이 떠오르는데, 그것이 바로 마음가짐이다. 세미나 참가자들은 이 마음가짐을 새롭게 하는 연습에 종종 참여한다. 방법은 간단하다. 한 사람이 걱정거리를 이야기하면 다른 사람들이 마음가짐을 제안한다. 그 가운데 가장 편안한 느낌이 드는 것을 고르는 것이다.

프리랜서 편집자인 프레느노 이 연습에 참가했다. 당시 그는 일거

하루에 한 걸음씩 행복해지기

리가 없어서 상심한 상태였다. 벌써 몇 달째 그런 상황이 이어졌고 주위에 부탁을 해 보아도 일이 들어오지 않았다. 모아둔 돈은 바닥났고, 노숙자가 될지도 모른다는 불안감이 그를 괴롭혔다. 예전에도 가끔 이런 적이 있었지만, 그때는 곧바로 할 일이 생겼다. 나이가 들면서 자신감도 흔들리고 있었다. 현재의 마음 상태를 묻자, 그는 '두렵고 사방이 꽉 막힌 느낌'이라고 말했다. 이제 참가자들이 새로운 마음가짐을 제안할 차례였다. 다들 생각을 짜내어 프레드에게 도움이 될 만한 이야기를 하기 시작했다.

"온 우주가 나를 돌보고 있다는 마음가짐은 어떨까요?"
"이제 새로운 일거리를 찾을 때가 되었다는 마음가짐은 어때요?"
"기존의 틀에서 벗어나 새로운 해결책을 찾아봐야겠다는 마음가짐은요?"
"잡지 편집으로 키워둔 창의성을 발휘해서 이번 위기를 해결하겠다는 마음가짐을 제안해요."

여러 가지 이야기를 듣고, 프레드가 말했다.

"마침 제 마음에 쏙 드는 제안이 있어요. 이런 마음가짐이면 편안한 느낌을 유지될 수 있을 것 같아요."

창의성을 발휘해 새로운 일에 도전해보겠다는 마음가짐을 그는 선택했다. 그리고 몇 주일 뒤, 새 일자리를 구했다며 프레드가 소식을 전해왔다.

세미나 참석자들과 이야기를 나누는 자리에서, 셰리는 아들과의 갈등을 털어놓았다. 호르몬 불균형으로 자꾸만 살이 찌는 아들에게 어떤 말을 해 보아도 먹히지 않는다며 그녀는 한탄했다. 자신의 조언을 무시하는 아들에게 화가 치밀어 오른다는 그녀를 위해 다들 지혜를 모았다.

"아들을 측은하게 여겨 보면 어떨까요?"
"끈기를 갖고 아들을 가르치겠단 마음을 가져 보는 거예요."
"더 이상 명령을 하지 않겠다는 마음가짐은 어때요? 아들도 한 사람의 특별한 존재니까요."
"다른 시각으로 아들을 바라보는 거예요. 겉모습이 아닌, 마음을 보는 거죠."

여러 가지 이야기 가운데, 셰리는 아들을 새롭게 바라보겠다는 마음가짐을 골랐다. 몸무게에 관심을 쏟느라 아들을 인격적으로 대하지 않았다고 그녀는 고백했다.

하루에 한 걸음씩 행복해지기

에드가 들려준 일화도 감동적이다.

어느 날 열 살짜리 손자가 울면서 학교에서 돌아왔다. 단짝친구가 자신의 험담을 하고 다닌다며, 아이는 매우 슬퍼했다. 아무도 자신을 좋아하지 않는다고 말하는 손자에게, 에드가 조용히 말했다.

"혹시 '만약에'라는 시 들어본 적 있니? 러디어드 키플링이 쓴 건데."

손자는 고개를 저었다. 에드는 한번 찾아보자고 말했다. 손자가 인터넷을 뒤져서 그 시를 찾아냈다.

"말도 안 되는 비난에도 침착할 수 있다면,
쏟아지는 의심 속에서 스스로를 믿는다면⋯,
거짓에 속더라도 거짓말로 대하지 말고,
미움을 받더라도 미움에 굴복하지 마라."

손자는 천천히 시를 읽어 내려갔다. 에드는 손자의 목소리가 조금씩 바뀌는 것을 느낄 수 있었다. 마지막 줄을 읽을 때, 손자의 얼굴은 무척 환해 보였다. 손자가 그 시를 프린트하며 말했다.

"침대 옆에 붙여두려고요."

그날 두 사람은 남은 오후를 행복하게 보냈다.

의학박사 에드 한젤릭

새로운 깨달음

가슴 통증을 두 번 겪은 폴은 그때마다 병원을 찾았다. 심각한 문제가 있을까 봐 걱정했지만 검사 결과는 괜찮았다. 심장이 원인은 아니란 이야기였다. 내가 물었다.

"통증의 이유가 무엇이라고 생각하나요?"
"몸의 문제는 아닌 것 같아요."
"정말 그럴까요? 증상을 보면 몸의 문제가 맞아요. 심장은 아닐지라도 고통이 몸 안에 존재하는 거죠."

나는 폴에게 요즘의 삶에 대해 물었다. 그러자 분노에 찬 대답이 돌아왔다. 그는 연극을 가르치는 열정적인 교사였다. 하지만 예산 문제로 그 수업이 사라지자, 하는 수 없이 다른 과목을 맡아야 했다. 그는 좁은 방에서 컴퓨터를 가르쳤고, 점심시간과 자율학습시간에는 학생들을 감독했다.

"저는 아무 힘도 없어요. 교장 선생님의 결정도, 학교 예산도 모두 제 능력 밖이니까요."

하루에 한 걸음씩 행복해지기

힘없이 말하는 폴에게 내가 말했다.

"맞아요. 그런 건 모두 어쩌지 못하는 일이죠. 혹시 그런 와중에 폴의 힘으로 바꿀 수 있는 작은 일은 없을까요?"

우리는 이 주제에 대해 한참 동안 이야기를 나눴다. 그리고 폴이 마침내 한 가지를 발견했다. 바로 마음가짐이었다.

"생각해 보면, 연극 수업이 사라진 와중에 계속 근무할 수 있었던 건 다행인 것 같아요. 적어도 잘리진 않았으니까요."

그런 깨달음이 계기가 되어, 폴은 자신의 상황이 그리 최악은 아니라는 결론에 이르렀다. 그리고 가슴의 통증 또한 마음의 상태를 알려주는 신호가 되어줄 거란 생각을 하게 되었다.

"한동안 아침에 일어나는 게 고역이었어요. 출근하기가 너무 싫었거든요. 하지만 이제는 무엇을 시도해볼 수 있을지 은근히 기대가 됩니다."

시간이 조금 더 걸리긴 하겠지만, 자신을 짓눌렀던 무력감에서 폴은 분명 벗어날 수 있을 것이다. 그리고 한 달 뒤로 다가온 새 학기를 기분 좋게 맞이할 것이다.

열넷째 날

다섯 번째 방법: 마법 연필

나는 종종 마법 연필을 사용해 지혜를 구한다. 빈 종이와 필기도구만 있으면 이 방식은 언제나 쓸모가 있다. 조용한 장소에서 편안한 마음으로 마법 연필을 손에 들어 보자. 나는 이 시간을 '지켜보는 나의 글쓰기'라고 부른다.

✏️ ____ **지켜보는 나의 글쓰기**

1. 고민스러운 상황을 떠올려 보자. 어떤 것이라도 상관없다. 올해

하루에 한 걸음씩 행복해지기

5학년이 된 아들이 수학 시험에서 50점을 맞았다고 생각해 보자.

2. 잠시 시간을 내어 이 상황에서 흔히 나올법한 일반적인 생각을 적어 보자. '판단하는 나'의 목소리를 옮겨 보는 것이다. 더 이상 생각이 나지 않을 때까지 계속 적으면 된다.

'만날 하겠다고 말은 하지만, 숙제 한 장 안하는 게 뻔히 보이더라니. 정말 혼 좀 나야 해. 이러다가 커서 뭐가 되겠어? 요즘 들어 뭐든 제멋대로 하려 든다니까. 단단히 혼을 내 줘야지. 이번에 그냥 넘어가면 다음에 또 그럴 거야.'

3. 판단하는 나의 목소리를 다 적었다면, 잠시 펜을 놓고 쉰다. 그런 다음 다시 펜을 들고, 내 안에 있는 '지켜보는 나'의 목소리를 종이에 담아 본다. 이때 손이 가는 대로 쓰는 것이 좋다. 깊이 생각하지 말고, 편하게 써 내려가자. 한번 쓴 걸 다시 읽어볼 필요는 없다. 고치겠다는 생각도 하지 말자. 그냥 적으면 된다.

'아이로 산다는 게 쉽진 않을 거야. 하고 싶은 것도 많고, 무엇보다 공부하는 시간은 영 재미가 없으니까. 숙제를 미뤄 두고 TV를 보고 싶어 한다고 해서 아이가 나쁜 건 아니지. 누구나 그럴 수 있잖아? 놀 땐 실컷 놀고, 공부할 땐 집중하기 쉬운 환경을 만들어 줘야겠어. 본

인이 더 속상할 텐데, 점수 때문에 혼을 낼 필요는 없지.'

이렇게 두 가지 목소리를 종이에 담아 보면, 판단하는 나와 지켜보는 나의 생각을 뚜렷하게 구분할 수 있다.

한번은 국제적인 회의에서 이 방법을 사용했다. 여러 나라의 회계사가 모인 자리였는데, 각자가 쓴 '지켜보는 나의 글쓰기'를 발표할 시간을 가졌다. 그때 동유럽에서 온 회계사가 조용히 자리에서 일어났다. 그는 부끄럽다고 말하며, 자신이 쓴 글을 읽기 시작했다. 그가 써낸 것은 아름다운 시였다! 그 자리에 있던 모든 사람들이 큰 감동을 받았다. 지켜보는 나는 이렇게 놀라운 일을 해내곤 한다.

의사가 들려준 이야기

의학박사 존 호턴

치유의 순간

조앤은 30대 초반의 젊은 여성으로, 목 부위에 생긴 혹 때문에 병원을 찾았다. 진단 결과, 호지킨병으로 판명이 났다. 다행스럽게도 완치가 가능한 병이었고, 목에 있는 혹을 제거한 뒤 한동안 화학 요법 치료를 받았다. 진료실을 찾은 그녀가 착잡해하는 표정으로 말했다.

"지금까지 제 자신을 너무 돌보지 않았어요. 항상 지친 상태였고, 일하는 게 힘겨웠죠. 하지만 부탁을 거절하지 못하고 항상 고개를 끄덕였어요."

나는 조앤에게 '지켜보는 나의 글쓰기'를 권했고, 잠시 고민하던 그녀는 이런 글을 써냈다.

'병에 걸리면 두려워지는 게 당연해. 화도 나고 말이야. 하지만 이 감정이 나 자신은 아니야. 난 그저 내 인생을 아끼는 거야. 다행이 나를 위한 시간이 생겼어. 지금까지 한 번도 해 보지 못한 방식으로 스스로를 챙겨 보자. 남편과 가족의 도움을 받고, 이 시간을 즐기는 거야. 분명 그들도 즐겁게 나를 도와줄 거야. 이 병은 결국 지나갈 거고, 나는 이 시간을 잘 활용할 수 있어.'

조앤의 회복이 생각보다 빨랐던 것은 이런 태도의 영향이 컸으리라 생각한다. 많은 의학적 연구가 보여주듯이, 질병을 대하는 환자의 자세는 치료에 직접적인 영향을 끼친다.

생각 발자국_ 지켜보는 나의 글쓰기

지금 내가 겪고 있는 고민스러운 상황은?

_____

_____

_____

이 상황에서 떠오르는 생각은? (판단하는 나의 목소리를 중심으로)

_____

_____

_____

이 상황에서 들려오는 '지켜보는 나'의 목소리는?

_____

_____

_____

열다섯째 날

여섯 번째 방법: 입장 바꿔 보기

불안하고 긴장된 상황에서 평안을 찾기 위한 다른 방법은 '입장 바꿔 보기'다. 이 방법은 사람과의 관계에서 매우 쓸모가 있다. 나와 남, 누구를 막론하고 말이다.

우리는 모두 자신만의 기준으로 다른 이를 바라본다. 그러면서 오해가 생기고, 생각의 틈이 벌어진다. 다행스럽게도 인간은 뛰어난 공감 능력을 지니고 있다. 이 능력을 사용하면 납득할 수 없었던 다른 사람의 행동이 생각보다 쉽게 이해되곤 한다.

세 가지 질문

'입장 바꿔 보기'를 하는 방법은 간단하다. 자신이 다른 사람이 되었다고 상상하며 다음 세 가지 질문을 던져 보는 것이다.

- 지금 나의 생각은?
- 지금 나의 기분은?
- 지금 내가 원하는 것은?

이 질문이 모든 것을 해결하지는 않는다. 하지만 적어도 상대가 무슨 생각으로 그런 말과 행동을 했는지 짐작할 수 있다. 그리고 대화의 폭도 넓어진다. 상대의 의견에 동의하진 않더라도 왜 그런 생각을 하는지 이해하려는 노력은 어떤 경우에도 긍정적인 결과를 가져온다. 지혜로운 인디언의 격언을 기억하자.

'다른 사람의 모카신을 신고 1마일 이상 걸어보기 전에는 절대로 그 사람을 판단하지 마라.'

소프트웨어 회사에서 영업 관리자로 일하던 데릭과의 대화가 기억난다. 당시 그는 상사의 공격적인 관리 방식에 심한 좌절감을 느끼고 있었다. 상사가 그렇게 행동하는 이유를 묻자, 데릭이 내뱉듯 말했다.

"그냥 형편없는 사람인 거죠."

나는 데릭에게 '입장 바꿔 보기'를 해 보자고 제안했다. 탐탁치 않아 했지만, 데릭은 마지못해 고개를 끄덕였다. 내가 말했다.

"당신은 지금 상사가 되었어요. 책상 앞에 앉아서 영업 관리자인 데 릭과 마주보고 있지요. 상사가 된 나는 지금 어떤 생각을 하고 있을까 요?"

"음…. 지난해보다 매출이 20퍼센트 떨어졌으니, 어떻게든 다시 올 려야겠다는 생각이 드네요."

"그렇군요. 그럼 지금 어떤 기분인가요?"

"불안해요. 매출 하락 때문에 이 자리에서 쫓겨날 것 같아서요."

"힘들겠어요. 지금 당신이 데릭에게 원하는 건 뭐죠?"

"이 혼란에서 나를 구해줬으면 좋겠어요. 혼자서 해결할 수 있는 일 은 아니니까요."

이처럼 '입장 바꿔 보기'는 예상 밖의 깨달음을 전해주곤 한다. 가 족과의 관계에서도 이 방법은 쓸모가 있다. 단, 이 같은 노력을 통해 상대를 교묘하게 조정하려는 동기가 없어야 한다. 타인을 이해하려 는 신심어린 열망이 있을 때, '입장 바꿔 보기'가 효과를 발휘하기 때 문이다.

한번은 내 여동생이 하소연을 늘어놓았다. 딸아이의 귀가가 늦어져서 화가 난다는 것이다. 적어도 밤 10시까지는 집에 돌아와야 한다는 게 동생의 주장이었다. 조카는 11시 귀가를 원했다.

"그 애가 한창 즐거울 때라는 걸 나도 알아요. 하지만 마냥 이렇게 놓아두는 건 옳지 못해요. 나는 양보할 생각이 없어요."

조용히 이야기를 듣고 있다가, '입장 바꿔 보기'를 한번 해보자고 동생에게 말했다. 별로 내키지 않는 표정으로 동생은 수락했다. 딸의 입장이 되어본 그녀는 내가 던진 세 가지 질문에 이런 대답을 내놓았다.

'엄마가 나를 믿지 못한다는 생각이 든다. 아직도 내가 어린애라고 여기는 것 같다.'
'억울한 느낌이 든다. 반항심이 생긴다.'
'나는 믿을만한 사람이며, 밤늦게 들어와도 아무 문제없다는 걸 확인시켜주고 싶다.'

얼마 뒤, 조카와도 이야기를 나눌 기회가 있었다. '입장 바꿔 보기'를 통해 조카도 엄마의 입장이 되어 보았다.

'딸의 귀가 시간을 걱정하는 건 엄마로서 당연하다는 생각이 든다.'

하루에 한 걸음씩 행복해지기

'밤늦은 시각에 딸이 바깥에 있으면 걱정이 된다.'

'딸이 더 클 때까지 무사히 지켜주고 싶다.'

'입장 바꿔 보기'를 한 뒤에도 귀가 시간에 대한 실랑이는 계속 이어졌다. 내 동생은 밤 10시를 주장했고, 조카는 여전히 11시를 원했다. 하지만 두 사람의 대화를 우연히 들었을 때, 나는 기분이 좋아졌다. 두 사람은 더 이상 싸우지 않았다. 치열한 토론이 벌어지고 있었고, 서로를 존중하려는 마음이 엿보였다.

스스로를 이해하기

나 자신을 제대로 이해하기 위해 '입장 바꿔 보기'를 하는 것도 가능하다. 자신과 충분히 거리를 두고, 남에게 질문을 하듯 스스로에게 질문을 던져 보자.

- 지금 그 사람의 생각은?
- 지금 그 사람의 기분은?
- 지금 그 사람이 원하는 것은?

'입장 바꿔 보기'가 처음부터 쉬운 것은 아니다. 하지만 연습을 통해 얼마든지 잘해낼 수 있다. '입장 바꿔 보기'에 필요한 것은 겸허함과 용기다. 상대방, 혹은 나의 마음을 좀 더 잘 이해할 수 있게 되면 마음이 한층 평온해진다.

열여섯째 날

일곱 번째 방법: 새로운 의미

이번 방법은 우리 눈앞에 놓인 안경과 관련이 있다. 우리는 모두 남들에게 보이지 않는 안경 하나씩을 쓰고 있다. 그 안경을 통해 세상을 바라보며, 각자의 방식대로 사건을 이해한다. 남들이 뭐라고 하든 말이다. 대표적인 예가 고정관념이다. 다음 이야기를 들어 보자.

추수감사절이 다가오면, 어느 집에서나 근사한 칠면조 요리를 내놓는다. 그의 집도 마찬가지였다. 그런데 이상하게도 아내는 언제나 칠면조 몸통만 구워서 내놓았다. 다리는 너무 질리네 재 말이다. 하루는 남편이 물었다.

"여보, 왜 항상 칠면조 다리를 자르는 거요?"
"우리 엄마가 항상 이렇게 하셨는걸요."

얼마 후, 오랜만에 만난 자리에서 그가 장모님에게 물었다.

"정말 궁금해서 여쭤봅니다. 장모님, 왜 칠면조 요리를 할 때 다리를 잘라내시는 건가요?"
"내 어머니에게 배운 방식이라네. 그분은 대단한 요리사였지."

다행스럽게도 아내의 외할머니는 살아계셨다. 궁금해진 남편은 그분에게 직접 전화를 걸었다. 긴 안부인사 끝에 칠면조에 관해 묻자, 외할머니가 유쾌하게 대답했다.

"맞아, 예전엔 요리할 때 칠면조 다리를 잘라냈었지. 오븐 크기가 워낙 작아서 다리를 잘라야만 쏙 들어갔거든."

🖊 ____ 새로운 의미 부여해 보기

우리가 만나는 단어도 마찬가지다. 다들 자신만의 모양으로 단어를 계단한다. 습관적으로 잘라내는 칠면조 다리처럼 말이다. 중요하게 생각하는 단어에 새로운 의미를 부여하는 것만으로 마음의 평온을 얻을 수 있다. 세미나에서 다루었던 단어의 예를 살펴보자.

단어: 이기심
내가 생각하는 의미: 자기 생각만 하는 얄미운 마음
새로운 의미: 남에게 무조건 끌려가지 않도록 스스로를 살피고 보살피는 마음

단어: 잘못
내가 생각하는 의미: 남들에게 비난받는 나쁜 행동
새로운 의미: 깨우치고 교정할 수 있는 실수

단어: 두려움
내가 생각하는 의미: 무서워하고 불안해하는 연약한 감정
새로운 의미: 나의 안전을 지켜주는 경고 신호

이밖에도 여러 단어의 의미를 새롭게 찾을 수 있다. 상사, 돈, 배우자, 의사, 어떤 것이든 좋다. 자신을 힘들게 하는 대상에게 새로운 의미를 부여해 보자.

의학박사 에드 한젤릭

어머니라는 이름

진료실을 처음 찾았을 때, 사라는 매우 슬퍼 보였다. 이야기를 나누는 과정에서, 그녀에게 여섯 명의 아이가 있다는 걸 알게 되었다. 힘겨움의 원인은 거기에 있었다. 아이들 자체가 아니라, 사라의 마음속에 자리 잡은 '엄마'라는 단어의 의미가 문제였다.

사라에게 '엄마'란 한시도 쉬지 않고 자녀에게 헌신하는 사람이었다. 1초라도 멈추면 그녀는 죄책감을 느꼈다. 엄마 노릇을 제대로 하지 못했다는 생각 때문이었다. 원인을 파악한 뒤 내가 말했다.

"제 처방은 이겁니다. 앞으로 자신을 돌보는 데 더 많은 시간을 쓰세요. 그럼 모든 것이 좋아질 겁니다."

사라는 매우 놀라는 눈치였다. 지금까지 엄마란 그녀에게 오직 한 가지 의미였다. '내 가족이 필요로 할 때 언제나 앞장서는 사람'말이다. 하지만 이제 그 의미를 새롭게 쓸 차례였다.

여러 번의 상담을 통해, 사라는 엄마가 한 가지 모습일 필요는 없다는 걸 깨달았다. 엄마도 가족의 중요한 일원이며, 언제든 돌봄을 받을 수 있다는 사실을 알게 된 것이다. 행복한 엄마가 더 수용적이며, 친절하고, 더 유머러스하다는 사실을 그녀는 납득했다. 그녀의 마음속에 엄마의 의미가 새롭게 자리 잡은 것이다.

사라가 변하자 가족들도 기뻐했다. 그녀와 할 일을 나누는 데 남편은 주저하지 않았다. 사라는 충만해졌고, 건강도 한층 좋아졌다.

단어에 새로운 의미를 부여하는 일은 언제든 가능하다. 그것은 신선한 공기를 마시는 것처럼 멋진 경험이다. 몇 년 전 나에게도 그런 일이 일어났다.

그때 나는 코펜하겐에 출장을 갔다가 집으로 돌아가는 길이었다. 크리스마스가 머지않은 시점이라, 나는 얼른 공항에 갔다. 그런데 집으로 향하는 길이 그리 즐겁지 않다는 사실을 문득 깨달았다. 특히 아들과 딸을 떠올릴 때 부담스러운 느낌이 밀려왔다.

'대체 왜 이런 생각이 드는 거지?'

비행기를 기다리면서 나는 생각에 잠겼다. 그러다가 문득 깨달았다. 내게 있어 아이들은 '해결해야 할 문제'라는 것을. 아이가 침실 문을 두드리면 나는 곧바로 생각했다. 오늘은 또 무슨 문제 때문에 나를 찾는 걸까 하고 말이다. 어느새 나는 아버지의 역할을 '문제해결사'로 여기고 있었다. 나의 이런 관점은 아무래도 부모님의 영향 때문인 것 같았다. 아버지 역시 나를 그런 눈으로 바라보았던 것이다.

비행기에 올라탔을 때, 나는 새로운 의미를 부여하기로 마음을 먹었다. '사랑을 줄 단 하나의 기회'로 아이들을 여기기로 한 것이다. 아이들은 바뀐 게 없는데, 새로운 의미가 주어진 것만으로 모든 상황이 순식간에 변했다. 얼른 집에 가서 아이들과 만나고 싶다는 생각이 들기 시작했다.

그해의 크리스마스는 여느 때보다 즐거웠다. 그리고 침실 문을 두드리는 소리가 들렸을 때, 놀라운 일이 벌어졌다. 방으로 들어온 존재는 해결해야 할 문제가 아닌, 내가 아끼는 사람이었다!

하루에 한 걸음씩 행복해지기

생각 발자국_ 새로운 의미 부여해 보기

단어: _____

내가 생각하는 의미: _____

_____

새로운 의미: _____

_____

단어: _____

내가 생각하는 의미: _____

_____

새로운 의미: _____

_____

단어: _____

내가 생각하는 의미: _____

_____

새로운 의미: _____

_____

여덟 번째 방법: 배―성―즐 삼각형

'배―성―즐 삼각형'은 한 참가자가 던진 예리한 질문에서 시작되었다.

"그래서, 마음의 힘이 실제로 하는 일은 뭔가요?"

그는 단순한 대답을 원했다. 잠깐 동안 나는 곰곰이 생각했다. 그리고 마음의 힘으로 돌파구를 찾은 이들을 떠올리며 이렇게 답을 했다.

"마음의 힘은 다음 세 가지를 가능하게 해 줍니다, 배우고, 성과를 내고, 즐거워지는 것이지요."

나도 모르는 사이에 '지켜보는 나'가 대답을 한 듯했다. 그리고 나중에 곱씹어볼수록 제대로 된 답변이란 생각이 들었다. 우리는 지금까지 성과만을 중요하게 여기는 세상에서 살아왔다. 그러다 보니 인생에 있어 중요한 두 가지를 종종 잊곤 한다. 배움과 즐거움이 바로 그것이다.

배움, 성과, 즐거움. 이 세 가지가 균형을 이룰 때 삶은 좀 더 의미 있는 것이 된다. 또한 일과 휴식의 균형이 이루어진다. 아이들만 보아도 이 사실을 알 수 있다. 아이들은 억지로 머리를 굴리지 않는다. 그저 자신의 삶속에서 기꺼이 배우고, 성과를 거두며, 가식 없이 즐거워한다. '배-성-즐 삼각형'은 세 가지 요소를 나열하기 위한 것이 아니다. 우리 삶에서 이 세 가지가 꼭 필요하다는 깨달음을 보여주는 것이다. 배움, 성과, 즐거움, 이 세 가지가 조화를 이룰 때 삼각형은 유지되고 우리는 행복해질 수 있다.

'배-성-즐 삼각형'의 세 요소를 간단히 설명하면 다음과 같다.

배움: 주어진 상황에서 얻는 깨달음
성과: 배운 것을 실천하는 행동
즐거움: 행동을 통해 깨닫는 기쁨

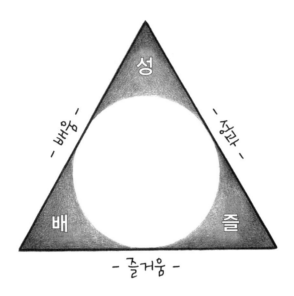

성

- 배움 -

- 성과 -

배

즐

- 즐거움 -

　세미나에 참가했던 한 여성이 직장에서 전화 한 통을 받았다. 아들이 오늘 정학을 당했으니 바로 데려가라는 연락이었다. 그녀는 이혼한 뒤 혼자서 아들을 키우고 있었다. 학교를 향해 차를 몰면서, 그녀의 마음속에 불안과 분노가 동시에 몰려왔다. 제대로 신경 쓰지 못했다는 죄책감과, 고생하는 엄마를 몰라주는 아들에 대한 원망이 함께였다. 그때 문득 그녀의 머릿속에 '배-성-즐 삼각형'이 떠올랐다. 그녀는 곰곰이 생각했다. 일단 지금 상황에서 무엇을 배울 수 있을까 스스로에게 물어보았다.

　　　　　　　　　　　　하루에 한 걸음씩 행복해지기

"그래, 아들이 오늘 하루 정학을 당한 건 사실이야. 아들은 이미 수업을 듣지 못했고, 이 상황에서 내가 따로 할 수 있는 건 없어. 나는 그동안 너무 바빴고, 아들의 이야기에 귀를 기울이지 못했어. 그래서 학교생활에 대해서도 잘 몰라. 왜 정학을 당했는지도 아직 물어보지 못했고 말이야."

그 상황에서 얻은 배움으로 그녀가 할 일은 간단해졌다. 오랜만에 직장과 학교에서 벗어나 단둘이 오붓한 시간을 보낼 기회가 생긴 것이다.

엄마가 웃으면서 학교에 도착해 근사한 식당에서 점심을 먹자고 말했을 때 아들이 얼마나 놀랐을지 상상해 보자. 그들은 다정한 대화를 나누었고, 이러한 성과는 곧 즐거움으로 이어졌다. 그날 그녀는 아들에 대해 많은 것을 알 수 있었다.

많은 경우, 우리가 느끼는 불안은 배움, 성과, 즐거움의 불균형에서 비롯된다. 배움만 얻고 행동하지 않거나, 오직 성과만을 강조하거나, 성과에서 즐거움을 얻지 못할 때 삶의 의미가 채워지지 못하는 것이다. 가족 사이의 갈등, 해야 할 일, 체중 감량 등 어떤 경우에서도 이러한 불균형이 일어날 수 있다. 힘겨운 상황이 발생했을 때, 잠시 숨을 고르고 '배-성-즐 심각형'을 떠올려 보자. 우리는 잘 해낼 수 있다. 그 사실만 믿으면 된다.

열여덟째 날

에일린 이야기

에일린은 가냘픈 체구를 지닌 50대의 여인으로, 어린 시절에 힘겨운 일을 여러 차례 겪었다. 성장한 뒤에는 형제자매를 포함해 모든 가족이 그녀의 도움을 원했고, 모든 일을 해결하기 위해 언제나 뛰어다녀야 했다. 그런 환경이 원인이 되어 그녀는 만성적인 압박감에 시달렸다. 하루는 심한 통증 탓에 몸을 펼 수도 없는 상태로 응급실에 실려 왔다. 당시 그녀는 10가지가 넘는 약을 복용 하고 있었다. 검사 결과, 불안에 의한 과민성 대장 증후군이라는 진단이 내려졌다. 그 후 그녀는 에드 한젤릭 박사와 존 호턴 박사의 진료실에서 심도 깊은 상담을 받았다. 세미나에 참석한 뒤, 그녀가 들려주었던 긴 이야기를 정

하루에 한 걸음씩 행복해지기

리해서 이곳에 옮겨 본다.

그녀가 들려준 이야기

저는 압박감이 제 병의 원인인 걸 전혀 모르고 살았습니다. 오히려 스스로를 잘 다스린다고 생각했지요. 어린 시절, 저는 열두 명의 아이 가운데 큰딸이었습니다. 아버지는 항상 화를 냈고, 우리를 자주 때렸습니다. 긴장이 가득한 나날이었지요. 어릴 때부터 저는 온 가족을 짊어져야 했습니다. 다들 그것을 당연하게 여겼고, 불평도, 거부도 할 수 없었습니다. 큰 부담 속에서 저는 성장했고, 그런 삶은 지금도 이어지고 있습니다.

에드 한젤릭 박사님과 존 호턴 박사님을 만난 것은 극심한 통증으로 응급실에 실려 온 뒤 한참 시간이 흘러서였습니다. 당시 저는 불안에 의한 과민성 대장 증후군이라는 진단을 받았지요. 이전까지 다른 의사 분들도 제게 많은 도움을 주셨지만, 두 박사님은 달랐습니다. 충분히 시간을 갖고 제 말에 귀를 기울여 준다는 느낌을 받았지요. 그분들이 한 말씀 중에 가장 인상적인 건 이것이었습니다.

"스스로를 중요하게 여겨야 합니다. 다른 사람을 돌보기 전에 자기 자신부터 살피는 게 먼저예요."

그때까지 저는 외딴 섬에 홀로 갇힌 느낌이었습니다. 아무도 저를 살펴주지 않았고, 오직 저 혼자서 다른 사람들을 돌보았지요. 그 말을 듣고, 눈물이 날 것 같았습니다. 그리고 얼마 뒤, 세미나에 참가할 기회를 얻었습니다. 몸 상태가 좋은 건 아니었지만, 스스로를 위해 무언가를 한다는 것만으로 기운이 났습니다. 그리고 거기서 배운 '멈추기'가 저한테 구원이 되어주었지요.

그전까지 저는 도움 요청을 받으면 즉시 달려 나갔습니다. 운전을 하면서도 통화를 멈추지 않았죠. 한 번도 거절을 해 본 적이 없었습니다. 하지만 가족들은 그런 저의 행동을 당연하게 여겼고, 일이 잘못되면 제 탓을 했습니다. 열네 살짜리 조카를 돕는 일도 마찬가지였습니다. 저 혼자만 바빴고, 다른 가족들은 협조하지 않았지요. 힘든 일은 으레 제 몫이란 분위기였습니다.

'멈추기'와 '거절하기'를 알게 된 뒤, 이제는 스스로 나설 수밖에 없다는 사실을 깨달았습니다. 다른 사람을 바꿀 능력이 제겐 없었으니까요. 그러면서 점차 나 자신을 돌아보기 시작했습니다. 끊임없는 요구에 고개를 저을 수 있는 용기가 생긴 것이었지요.

예전에는 이런 생각이 이기적인 것일까 봐 두려웠습니다. 제대로 된 사랑을 받아 무시 못한 내가 어떻게 중요한 사람이 될 수 있을까 의문

하루에 한 걸음씩 행복해지기

이 들었지요. 지나온 삶을 되돌아본 저는 스스로에게 질문을 던졌습니다. 그리고 깨달았지요. 내가 나를 믿지 못하면 어느 누구도 그 역할을 대신하지 못한다는 사실을요.

인생에서 내 자리를 찾게 된 뒤, 많은 것이 바뀌었습니다. 예전에는 만나는 사람마다 제가 아파 보인다고 했습니다. 하지만 이젠 더 이상 그런 이야기를 듣지 않습니다. 활기차고 건강해 보인다고 다들 말하지요. 저는 몰랐던 겁니다. 마음이 가장 큰 문제라는 것을요. 음식을 먹어도 소화가 되지 않고, 가슴에서 불이 나듯 뜨거운 느낌이 들고, 머리카락이 한 움큼씩 빠지는 것 모두 압박감 때문이었다는 걸 이제는 잘 알고 있습니다.

지금까지 오는 과정이 모두 순탄했던 건 아닙니다. 좌절의 순간도 여러 번 있었지요. 최근에도 가족에게 큰 일이 생겼습니다. 증상이 다시 몰려왔지요. 어깨와 위 통증, 불안과 소화 장애에 우울증까지 전부다요. 제 힘으론 어쩔 수 없겠다는 생각에 도움을 받기로 했습니다. 에드 한젤릭 박사님과 존 호턴 박사님께 전화를 걸었고, 겨우 평온을 되찾을 수 있었습니다. 다시 한 번 참석한 세미나에서 '마음가짐'에 대해 알게 된 것도 축복이었습니다.

'나는 이 상황을 잘 넘길 수 있어. 가족들도 이 일에서 교훈을 얻을 수 있을 거야.'

이렇게 새로운 마음가짐을 갖고 나니, 삶이 점차 균형을 찾아가는 느낌입니다. 가족들을 대할 때도 덜 무거운 마음이고요. 앞으로도 고비가 있겠지만, 그럴 때마다 제 자신을 더욱 소중히 여길 겁니다. 평온한 삶을 한번 경험하면, 힘겨웠던 예전으로는 절대 돌아가고 싶지 않은 법이니까요.

열아홉째 날

삶과 죽음

우리 모두에게 죽음은 피할 수 없는 과제다. 누구나 태어나고, 자라고, 늙어가고, 죽음을 맞이한다. 젊음이 사그라지고, 주름살이 늘어가며, 죽음이 머지않았음을 깨달았을 때 이 사실을 어떻게 받아들여야 할까? 삶과 죽음에 대한 성찰이 필요한 시점에서 지금까지 살펴보았던 방법들이 생각보다 큰 도움이 될 수 있다.

의학박사 존 호턴

아름다운 퇴장

몇 년 전, 유명 배우인 로버트 영의 치료를 부탁받았다. 그는 드라마 속 아버지와 의사의 역할로 많은 이들에게 사랑받았다. 자신을 향한 사람들의 기대가 부담스러웠던지, 그는 종종 방송에서 자신의 본모습을 설명하곤 했다. 알코올 중독과 우울증을 겪었던 사실을 고백했지만, 사람들은 여전히 그를 완벽한 인물로 생각했다. 사실 나도 마찬가지였다. 그리고 어느새 그는 죽음을 앞둔 나이가 되어 있었다.

처음 그를 찾아갔을 때, 로버트는 매우 평온한 상태로 나를 맞이했다. 그의 집은 아름다웠고, 헌신적인 관리인들이 그를 보살피고 있었다. 그 후로 삼년이 넘는 기간 동안 나는 정기적으로 그의 집을 방문했다. 관리인들과 나는 말이 잘 통했고, 로버트가 원하는 대로 남은 시간을 보내게 해주자고 의견을 모았다. 실컷 자고 일어나 기분 좋게 식사하고, 친구를 만나거나 TV를 보는 것을 포함해서 말이다. 마지막 몇 달간은 침대를 떠나고 싶어 하지 않아서, 우리는 그냥 그곳에서 그를 보살폈다. 어느 날 기분에 대해 묻자, 그는 부드러운 표정으로 대답했다.

"완벽하다네."

그리고 임종의 순간, 그곳에 어떠힌 고통이 흔적노 없었다. 그 자리에 함께한 우리들은 조용히 그를 배웅했다. 그가 무척 아름다운 퇴장을 했다는 데 동의하면서 말이다.

죽음을 앞둔 이들에게 평온함을 제공하는 호스피스 케어, 즉 임종간호가 이제는 꼭 필요한 것으로 여겨지고 있다. 삶을 정리하고, 남은 시간을 의미 있게 보내기 위해 이 시간은 매우 중요하다. 충분한 시간을 두고 현재의 상황을 이해하기 시작하면 죽음 또한 삶의 연장임을 받아들이게 된다. 반면에 두려움과 분노가 그 시간을 지배하면 약물 남용이나 우울증으로 고통 받으며 삶을 마감할 수밖에 없다.

몇 달, 몇 주, 며칠, 몇 시간이 될 수도 있다. 주어진 삶이 얼마 남지 않았을 때, 우리가 무언가를 선택할 수 있다는 걸 잊지 말자. 그 시간을 어떻게 보내는가는 온전히 우리의 몫이다.

나이 들어감에 대한 고찰

어떤 이들은 '나이 들어감'에 대해 상당히 거부감을 보인다. 자연스러운 삶의 궤적임에도 불구하고, 억지로 젊음을 유지하기 위해 애를 쓴다. 이런 사람들은 50살만 되어도 자신의 전성기는 이제 끝이라며 절망에 휩싸인다. 숫자에 매달리느라 더 중요한 것은 보지 못하는 것이다.

늙어가는 것은 확실히 낯선 경험이다. 결코 오지 않을 것 같던 순간이 어느새 다가온 걸 깨닫는 순간, 우리는 종종 우울해진다. 하지만 나이 느는 것이 꼭 손해는 아니다. 불안한 상황에서 평온을 찾는 네 번째 방법인 '새로운 마음가짐'을 떠올려 보자. 나이 듦을 바라보는 또 다른 시각을 가질 수 있을 것이다.

"나는 예전보다 현명하며, 이 지혜를 기꺼이 나눌 수 있다."
"스스로에 대해 생각할 수 있는 충분한 시간이 생겼다."
"가식 없이 삶을 즐기는 소중한 기회가 되어줄 것이다."

이웃 어른 가운데 90세가 되신 분이 내게 말했다.

"나이가 들어서 좋은 건 말이야, 더는 남의 시선을 신경 쓰지 않아도 된다는 거야. 하고 싶은 말도 실컷 할 수 있지."

두려움을 내려놓고 세상을 똑바로 바라볼 수 있다는 것. 나이 듦이 우리에게 주는 가장 큰 선물이다.

의사가 들려준 이야기

의학박사 존 호턴

죽음에 대한 공포

캐시는 45세의 여성이다. 다발 경화증 진단을 받은 뒤, 그녀는 매일 밤 공황발작에 시달렸다. 뛰어난 전문의가 그녀의 병에 대해 설명을 해 주어도 마찬가지였다. 사실 그녀의 병은 가벼운 편이라 정상적인 생활이 얼마든지 가능했다. 그녀가 진료실을 찾았을 때, 나는 발작의 원인이 두려움에 있다는 것을 알아냈다. 병으로 인해 갑자기 죽게 될까 봐 그녀는 매우 불안해했다. 그럴 필요 없다고 설득하는 대신, 나는 '새로운 마음가짐'을 그녀에게 제안했다. 죽음을 새로운 시각에서 바라볼 수 있도록 돕기 위해서였다.

"천국에 들어서는 문이 죽음이라고 생각하면 어떨까요?"
"저는 천국이나 지옥을 믿지 않아요."
"죽고 나면 고통도 슬픔도 모두 사라진다는 생각은 어때요?"
"죽음 뒤에 아무 것도 남지 않는다는 생각이 가장 두려워요."
"그럼 이건 어떤가요? 당신은 40년 넘게 잘 살아왔어요. 그동안 선한 힘이 당신을 돌보았고, 언젠가 떠나는 날에도 그 힘이 당신을 보살펴 줄 거예요."
"마음에 들어요. 가슴이 따뜻해지는 느낌이에요."

나는 죽음의 문턱에서 돌아온 사람들의 이야기를 들려주었다. 그들은 모두 밝은 빛에 대해 언급했고, 평온한 기운에 휩싸여 있었다고 말했다. 두려워하고 있던 죽음에 대해 긍정적인 느낌을 갖게 되자, 공황발작은 눈 녹듯이 사라졌다. 캐시가 회복되었다는 소식을 들은 뒤, 중국의 옛 이야기가 문득 떠올랐다.

어리석은 황제의 명으로 충직한 신하가 죽음을 맞게 되었다. 사형장으로 가는 길에 붉은 꽃이 흐드러지게 핀 커다란 매화나무가 서 있었다. 자신을 끌고 가던 병사에게 그 신하가 부탁했다.

"잠시 이곳에 멈춰 서도 되겠나?"

"대체 무슨 일이오?"

"매화가 활짝 피어서 말이오."

"이제 곧 죽을 텐데 그게 무슨 소용이오?"

"이 풍경 앞에서 달리 할 것이 뭐가 있겠나."

삶의 한가운데에서

잭은 40대 중반의 기업 임원으로, 이상할 만큼 나이에 집착했다. 그는 건강했고, 생기가 넘쳤으며, 사회적으로 성공한 상태였다. 의문이 들었던 나는 그와 긴 대화를 나누었다. 그리고 그가 지닌 두려움의 뿌리를 알 수 있었다. 그의 아버지는 이른 나이인 52세에 심장마비로 숨을 거두었다. 잭은 자신도 그럴 거라 여기고 있었다. 유전자의 강력한 힘을 믿었던 것이다. 저명한 의사들이 그의 건강을 확인해주었지만, 별 소용이 없었다.

나는 그에게 자신의 힘으로 할 수 있는 것과 그렇지 않은 것을 구분해보자고 권했다. 그때까지 잭은 아버지와 자신이 분리된 존재라는 사실을 생각해본 적이 없었다. 그 활동을 통해, 잭은 새로운 사실을 깨달았다. 죽음을 피할 방법은 없지만, 그날이 올 때까지 얼마든지 즐겁게 지낼 수 있다는 걸 알게 된 것이다.

65세가 되던 해, 내 친구는 크게 우울해했다. 어쩔 수 없이 회사를 그만두어야 할 나이가 되었기 때문이다. 내 친구와 마찬가지로 많은 사람이 은퇴에 대해 착잡한 심정을 토로한다. 은퇴는 종말이며, 쓸모없는 존재로 낙인찍힌다는 생각에 휩싸이기 때문이다. 예전과 달리, 요즘은 80대가 되어도 활력이 넘친다. 그러다 보니 나이가 들었다는 이유만으로 하던 일에서 물러나야 한다는 것이 매우 모욕적으로 느껴지기도 한다.

축 쳐져있는 친구에게 나는 힘이 될 만한 제안을 했다. 은퇴 이후의 삶에 대해 지금까지와는 다른 생각을 할 수 있도록 도운 것이다. '새로운 마음가짐'을 찾는 것이 이번에도 쓸모가 있었다. 함께 나눈 대화를 통해, 친구는 은퇴가 '제 2의 인생이 시작되는 열쇠'가 될 수도 있겠다는 생각을 해냈다. 친구는 활력을 되찾았고, 나는 그가 앞으로 만들어갈 시간이 제법 멋질 것이란 확신이 들었다.

의사가 들려준 이야기

의학박사 에드 한젤릭

젊음의 의미

노화는 삶의 일부다. 하지만 진료실을 찾아오는 대부분의 사람들은 나

이 둘을 좌절과 실패로 받아들인다. 청춘이 물러간 안타까운 시기로 말이다. 하지만 페넬로페는 남들과 달랐다.

60대 후반인 그녀는 한동안 병을 앓았다. 하지만 건강해지기 위한 노력을 아끼지 않았다. 식이요법을 실천하고, 신체활동을 늘렸으며, 적절한 의료적 지원을 받았다. 어느 날 한층 상태가 좋아진 그녀가 말했다.

"매일 매일이 즐거워요. 저는 아직 젊거든요."

나는 내심 놀랐다. 그리고 젊음의 정의를 다시금 생각하게 되었다. 청춘은 신체의 나이가 아니며, 호기심과 열정이 있는 한 언제나 젊음을 유지할 수 있다는 사실을 그녀가 깨닫게 해 준 것이다.

삶을 바라보는 태도는 건강과 직결된다. 자녀를 독립시킨 노년층 환자들이 자주 아픈 것을 나는 보았다. 삶의 목적을 잃고 우울감에 휩싸이는 탓이다. 나는 그들에게 단순한 사실을 알려주기 위해 애쓴다. 충만한 삶은 나이와 아무런 관계가 없다는 것을 말이다.

80대의 나이에도 충분히 적극적인 사람들이 있다. 그런 이들을 관찰하며 나는 기쁨을 느낀다. 때론 100세가 머지않은 환자들도 눈을 반짝이며 내일의 할 일을 계획하곤 한다. 삶은 마르지 않는 샘과 같아서, 시간이 지날수록 더욱 깊고 풍부해진다. 그 사실을 깨달을 때, 노년의 삶이 더욱 충만해질 수 있다.

하루에
한 걸음씩
행복해지기

마치며

마음의 힘이 응답할 때

14살의 나이에 세계적인 선수가 된 제니퍼 카프리아티에게 한 기자가 물었다. 중요한 경기에 나서는 일이 두렵지 않느냐고 말이다. 그녀가 대답했다.

"테니스가 무섭다면 왜 치겠어요?"

아직 어린 나이임에도 그녀는 인생에서 가장 중요한 사실을 알고 있었다. 매 순간 자기 자신으로 살며, 즐기고, 배우면 불안에서 벗어날 수 있다는 것을 말이다. 사람들은 보통 이렇게 생각한다.

　　　　　　　　　　　하루에 한 걸음씩 행복해지기

"그래, 상상 속 세상에선 뭐든 할 수 있지. 하지만 현실은 그렇지 않잖아."

얼마 전, 나는 60세의 모험가 마일스 힐튼 바버의 강연을 들을 수 있었다. 그는 킬리만자로와 몽블랑을 등반했고, 지구상에서 가장 힘든 경기로 알려진 사하라 마라톤에도 참가했다. 사라하 마라톤은 사하라 사막과 카타르 사막을 78시간 동안 쉬지 않고 횡단하는 경기다. 이 모든 도전을 마일스는 54세에 시작했다. 두 눈이 완전히 멀게 된 그 해에 말이다.

"그때 저는 결심했습니다. 앞을 보지 못한다고 해서 진정으로 원하는 걸 포기하지는 않겠다고요."

마음의 힘은 우리에게 올바른 삶의 방식을 알려준다. 눈앞의 안정에 얽매이지 않고, 더 큰 도전을 사랑하도록 해 주는 것이다. 이러한 삶을 추구하기 위해서는 중요한 것에 집중하려는 노력이 필요하다. 그런데 우리는 종종 너무 많은 것에 매달린다. 그리고 놓지 못한다. 사과를 손에 꼭 쥔 원숭이처럼 말이다. 인생에는 사랑해야 할 것들이 많다. 하지만 모든 것을 쟁취하려는 욕심은 커다란 압박으로 돌아온다. 지나치게 빨리 달리는 사람은 주변의 풍경을 보지 못한다. 이럴 땐 잠시 멈춰야 한다. 속도를 줄이지 않은 채 풍경을 즐기겠다는 마음은 그저 욕심일 뿐이다.

마음의 힘을 찾는 것은 인생이라는 큰 선물을 기꺼이 즐기는 과정이다. 우리는 놀라운 잠재력을 지니고 태어난다. 기억하자. 매 순간 우리가 해야 할 일은 셀 수 없이 많은 능력들을 하나하나 꺼내어 기쁘게 사용하는 것뿐이다.

의사가 들려준 이야기

의학박사 에드 한젤릭

삶이라는 선물

수디스는 48세의 여성으로, 그녀에겐 선천적인 기형을 갖고 태어난

하루에 한 걸음씩 행복해지기

아들이 있었다. 아들이 지금까지 30번이 넘는 수술을 받았다고 말했을 때, 나는 내심 그녀의 상황이 안쓰럽게 느껴졌다. 하지만 정작 그녀는 아들과 함께하는 하루하루를 신이 주신 선물이라 여기고 있었다. 장애 아동을 둔 엄마들의 모임에 나갔을 때, 주디스는 고개를 갸웃거렸다고 고백했다.

"왜 다들 아이와 함께 보내는 시간을 기적으로 여기지 않는지 궁금했어요. 지금껏 제 자신이 희생하고 있다는 생각을 한 번도 해 본 적이 없었거든요."

삶을 긍정적으로 바라보는 태도가 열매를 맺어, 얼마 전 18살이 된 그녀의 아들은 대학에 입학해 행복한 첫 학기를 보냈다. 신입생 가운데 가장 인기 있는 학생으로 선발되는 영예도 얻었다.

아들을 키우면서 많은 것을 배웠다고 그녀는 말했다. 그리고 그 경험이 자신의 삶에 긍정적인 영향을 주었다며 감사해했다. 그녀의 삶은 놀라움으로 가득했다. 주디스를 통해 고난 속에서도 평온을 채워가는 아름다운 삶을 발견할 수 있었다.

불안에 관해 당신이 궁금해 하던 모든 것

의학박사 존 호턴, 의학박사 에드 한젤릭

불안을 느끼면 몸에 어떤 일이 생기나요?

뇌가 위협을 감지해 편도체나 해마에 경고합니다. 시상하부도 교감 신경계와 뇌하수체, 신장 위쪽의 부신을 자극하지요. 그 결과, 스트레스 호르몬인 아드레날린과 코르티손이 생성됩니다.

이러한 호르몬이 분비되면 심장박동수와 혈압이 상승합니다. 혈액이 먼저 근육으로 돌진하지요. 긴장 반응의 경우에는 반대 현상이 일어납니다. 심장박동수와 혈압이 모두 내려가지요. 소화 시스템도 함께 움직입니다. 생사가 걸린 상황에서는 음식을 소화할 시간이 없다는 것을 뇌가 이해하기 때문입니다. 그래서 혈액의 양을 감소시키고,

하루에 한 걸음씩 행복해지기

소화효소와 타액을 줄여 소화 과정을 차단합니다. 이런 상황이 지속되면 면역 시스템이 약해지고, 생식 기능이 감소합니다.

우리 몸은 똑똑해서 일시적인 위기 상황에 잘 대응합니다. 하지만 이런 대응은 온몸에 영향을 주기 때문에 길게 끌어서는 안 됩니다. 불안이 오래 이어지면 보호에 목적을 두었던 장치가 오히려 우리 몸에 해롭게 작용합니다.

긴장하고 있는지 어떻게 알 수 있나요?

해결하기 힘든 상황에 처하거나 불안감을 느낄 때 긴장 유발 장치가 활성화됩니다. 예를 들어, 중요한 진단을 앞두고 대기실에서 의사를 기다리는 경우 등이 있겠지요. 이럴 때 나타나는 일반적인 징후는 심장이 빨리 뛰고, 호흡이 가빠지며, 겨드랑이에 땀이 나는 것 등입니다. 이러한 긴장 유발 장치는 우리의 선택과 상관없이 자동으로 활성화됩니다. 따라서 스스로 깨닫지 못하더라도 빠른 심장 박동, 가쁜 호흡, 땀으로 축축하게 젖은 옷 등이 느껴지면 자신이 긴장하고 있다는 것을 알 수 있습니다.

압박감을 느끼거나 긴장하게 되면 왜 불쾌한 느낌이 드나요?

우리의 뇌는 배우자와의 언쟁, 말 안 듣는 아이, 고장 난 장비, 촉박한 시간 약속 같은 평범한 상황에서도 위협을 감지합니다. 그래서 생명을 위협하는 상황과 동일한 장치를 작동시키지요. 이때 생성되는 호르몬은 우리 몸을 비상사태로 만들기 때문에 건강을 유지하는 기본적인 기능은 뒤로 밀려납니다. 소화가 되지 않고, 면역력이 떨어지며, 신경이 곤두서지요. 이런 일련의 과정들이 불쾌한 느낌을 들게 합니다.

이러한 불쾌감을 해소하기 위해 담배, 술, 카페인, 설탕, 각종 약물이 쓰이는 경우가 있습니다. 하지만 이런 것들은 일시적인 해결책일 뿐 오히려 상황을 악화시킬 수 있습니다.

불안과 관련된 만성적인 증상은 무엇인가요?

오랜 기간 지속적으로 불안을 느끼면 다음과 같은 증상이 나타날 수 있습니다. 뒷목이 당기며, 어깨가 아프고, 소화 불량, 두통, 심장 두근거림, 가슴 통증, 피부 발진, 수면 장애, 피로 등이 나타납니다. 불규칙한 월경, 성기능 장애, 사고력 저하 등이 발생할 수도 있습니다. 또한 만성적인 불안은 당뇨병, 고혈압, 관절염, 전염병 등 모든 기저질환을 악화시키곤 합니다.

불안이 필요할 때도 있지 않을까요?

사나운 개가 짖으며 뒤를 따라올 때, 위험한 사람으로부터 몸을 숨겨야 할 때, 가파른 경사를 내려가야 할 때, 갑자기 불이 났을 때 불안에 의한 장치가 작동해 우리 몸을 비상 상태로 만듭니다. 덕분에 누구보다 빨리 뛸 수 있고, 숨죽이며 기민히 있을 수 있으며, 고도의 집중력을 발휘해 한걸음을 내딛거나, 솟아오르는 불길을 피할 수 있습니다.

하지만 이것은 짧은 순간에 폭발적으로 반응하여 목숨을 구하는 과정입니다. 따라서 이런 상태가 지속되면 몸에 무리가 가고 화학적 불균형이 발생해 건강에 해를 끼치게 됩니다.

불안이 질병의 원인이 되나요?

우리가 느끼는 불안은 질병을 유발합니다. 하지만 단일 요인이 원인으로 입증된 질병은 아직 없습니다. 그러나 긴장 유발 장치는 맥박, 혈압, 혈당을 높이기 때문에 고혈압과 당뇨, 심장질환을 악화시킵니다. 과민성 대장 증후군, 대장염, 궤양, 위산 역류 등의 소화계 질환이 생겨날 수 있으며, 면역체계의 약화로 감염성 질환에 취약해집니다. 만성피로, 섬유근육통, 천식 등의 원인이 되며, 우울증과 불안, 강박 장애와 알코올 중독 같은 심리적 장애 역시 불안의 영향을 받습니다. 만성적인 불안의 경우, 신체 각 기관의 정상적인 기능을 방해하여 우리 몸의 균형을 크게 망가뜨립니다.

압박감이 줄어들면 건강에 확실히 도움이 되나요?

물론입니다. 압박감이 감소하면 건강이 좋아질 뿐 아니라, 질병의 치료도 수월해집니다. 질병이 원인은 나았하지만, 압박감이 줄어든 것만으로도 신체의 회복 속도가 빨라집니다. 건강을 챙기고 병을 예방하려면 잘 먹고, 잘 자고, 규칙적인 운동을 해야 합니다. 압박감의 감소는 이런 기본적인 활동을 원활하게 만들어 면역력을 높이고 신체 기능을 활성화시킵니다.

마음의 힘의 효과는 뇌의 어느 부분이 담당하나요?

신경생물학 분야는 인간의 뇌와 마음에 관한 지식을 제공합니다. 다니엘 시겔의 저서 '마인드풀 브레인'에 따르면, 뇌의 중전전두엽 피질은 신체의 조절, 적절한 의사소통, 정서적인 균형, 반응의 유연성, 공감, 통찰력, 두려움 조절, 직관력, 도덕성과 같은 기능을 담당합니다. 또한 뇌의 사령탑은 우리가 수명을 다할 때까지 성장하는 능력을 유지하는 것으로 알려져 있습니다. 마음의 힘을 찾아가는 과정은 우리가 지닌 내적 능력에 초점을 맞추고 그것을 활용할 수 있는 도구를 제공합니다. 과학적 연구는 이러한 힘이 우리 안에 존재하며 이를 활용하는 능력 역시 강화할 수 있음을 알려줍니다.

스스로 발견한 마음의 힘으로 불안을 줄일 수 있을까요?

마음의 힘의 대표 주자인 '사랑'에 관해 살펴봅시다. 제2차 세계대전이 끝난 후, 소아과 의사인 르네 스피츠는 한 보육원으로부터 방문 요청을 받았습니다. 그곳의 관계자들은 생후 1년 이하 아기들의 높은 사망률로 고민하고 있었습니다. 시설의 위생 상태와 감염 위험을 살펴보던 르네 스피츠는 중요한 문제를 발견했습니다. 그곳에서 일하는 누구도 아기들을 안아주지 않았던 것입니다. 그는 애정을 갖고 아이들을 대하며, 다정하게 이야기를 걸어줄 것을 처방했습니다. 그 이후로 아기들은 더 이상 사망하지 않았습니다.

노먼 커즌스의 저서 '웃음의 치유력'에는 또 다른 마음의 힘인 '유쾌함'에 관한 이야기가 나옵니다. 생명을 위협하는 질병을 얻었을 때, 그는 온종일 크게 웃었습니다. 재미있는 영화를 보고, 긍정적인 대화를 나누며, 즐겁게 생활한 것입니다. 놀랍게도 그는 병의 그늘에서 벗어났고, 얼마 뒤 UCLA 의과대학의 초청을 받았습니다. 객원교수로 근무하며 학생들에게 유쾌함의 효용에 대해 가르쳐 달라는 요청을 받은 것이었지요.

불안을 이기는 마음의 힘은 어린 시절의 경험을 통해 크게 향상될 수 있습니다. 사랑과 웃음, 보살핌이 충분한 환경에서 자랄 때 아이들의 신경기관이 더욱 건강하게 발달합니다. 많은 아이들이 적절한 배려 안에서 행복하게 성장할 때 사회의 미래도 한층 밝아질 것입니다.

'외상 후 스트레스 장애(PTSD)'란 무엇인가요?

외상 후 스트레스 장애, 즉 PTSD는 극심한 불안을 겪은 뒤 나타나는 지속적인 증상을 말합니다. 사건이 다시 일어난 것처럼 느껴지거나, 비슷한 상황과 마주칠 때 두려워지며, 때때로 멍해지거나 우울증이 나타나기도 합니다. 전쟁에서 살아남은 군인들에게 죽어가는 전우의 신음소리가 들린다거나, 폭력 피해를 입은 여성들이 낯선 남자의 등장에 극심한 몸 떨림을 느끼는 것 등이 그 예입니다.

PTSD 증상을 완화하기 위해서는 새로운 마음가짐을 갖는 것이 도움이 됩니다. 이러한 반응이 바꿀 수 없는 과거의 사건에서 유발되며, 나 자신과는 별개임을 이해하면서 치유가 시작됩니다.

과거의 경험이 우리 몸에 지속적인 영향을 준다면 어떻게 해야 할까요?

불안한 상황에서 평온함을 찾는 방법들이 우리를 도울 수 있습니다. 멈추기, 인생에서 주도권 찾기, 새로운 마음가짐, 입장 바꿔 보기 등이 그것이지요. 마사지, 침술, 명상, 요가, 운동, 심리치료, 약물 처방 등도 증상을 완화시켜 줍니다. 허버트 벤슨 박사가 쓴 '이완 반응'이라는 책에는 간단한 명상만으로 긴장을 풀 수 있는 우리 몸의 타고난 성향에 관한 이야기가 나옵니다. 또한 심리 변화를 다루는 최신 의학 이론에 따르면 우리 뇌의 신경 회로는 평생에 걸쳐 발달하며, 현재의 경험이 과거의 불안을 초월하는 새로운 신경망을 형성할 수 있습니다.

남자와 여자는 불안에 똑같이 반응하나요?

최신 연구를 살펴보면, 남성과 여성이 불안에 반응하는 방식이 서로 다름을 알 수 있습니다. 이는 다른 종의 생물에게도 광범위하게 나타나는 현상입니다. 대체적으로 여성은 맞서 싸우거나 도피하는 대신 친근감을 표시하여 화합하는 방식을 선택합니다. 이는 진화의 관점으로 볼 때 협력을 통해 자신을 보호하려는 반응으로 여겨집니다. 또한

하루에 한 걸음씩 행복해지기

여성은 불안의 세부 사항에 집중하는 반면 남성은 더 넓고 철학적인 관점을 취하는 경향이 있습니다. 이에 따라 갈등이 발생하곤 합니다. 남성은 여성이 큰 그림을 보지 못한다고 여기며, 여성은 남성이 비현실적이라고 생각하기 때문입니다.

다행스럽게도 마음의 힘은 성별이 지닌 유의미한 차이에 상관없이 남녀 모두에게 적용이 가능합니다. 여기서 중요한 것은 불안한 상황을 해결할 선택권이 우리 스스로에게 있다는 사실입니다. 내적 지혜와 명료함으로 삶을 뒤흔드는 도전에 맞설 수 있는 자질을 우리는 갖고 있습니다. 힘겨운 상황에서 평온을 찾고 안정성을 추구하는 방법을 익히면 있는 그대로의 모습으로 현재를 온전히 누릴 수 있습니다.

감사의 글

이 책을 만드는 데 함께해 주신 여러 분들의 아낌없는 지원에 감사 드립니다. 우리 세 사람의 열정과 지식을 모아 자랑스러운 책을 만들 어 준 캐서린 휘트니, 이 책을 믿고 인내심을 발휘해 준 제인 디스텔, 열정과 통찰력으로 책의 완성을 이끈 마트 타바니, 그리고 창의적인 삽화를 그려 준 조안 스완에게 감사를 표합니다. 더불어 우리의 삶을 지원해 준 수많은 분들에게 고마움을 전합니다.

티머시 골웨이의 고마움 목록

많은 격려와 의견, 사랑을 보내 준 나의 누니 아이린 골웨이와 여동

하루에 한 걸음씩 행복해지기

생 메리 위샤드, 테니스 코트 안팎에서 특별한 코칭을 선사해 준 잭 클라이먼, 지속적인 우정과 협조를 보여준 발레리오 파스코토, 마음의 힘의 모든 요소에 도움을 준 숀 브롤리, 이 책을 만드는 데 큰 노력을 쏟은 레슬리 데이치, 나의 첫 편집자이자 마음의 힘을 믿어준 조 폭스에게 감사의 마음을 전합니다. 그리고 공동 저자인 존 호턴과 에드 한젤릭, 우리의 공동 작업에 헌신해주어 고맙습니다. 덕분에 안정성과 불안에 관한 나의 지식도 깊어질 수 있었습니다.

지속적인 지지와 정확한 피드백을 보여준 소중한 친구 무리엘 세르베, 금융과 관련된 조언을 해 준 마이클 볼거, 미식축구와 인생에 있어 마음의 힘을 실천하는 피트 캐럴, 코칭과 우정으로 힘든 시기를 함께해 준 버지니 가로에게도 고마움을 전합니다.

에드 한젤릭의 고마움 목록

사랑하는 아내 린, 내 아이들 리처드와 캐서린, 형 칼과 여동생 나오미, 손주들인 제시카와 오스틴, 증손녀 릴리아나. 내 인생을 사랑과 친절로 채우고 개인으로, 의사로, 작가로 발전할 수 있도록 지원해 준 소중한 가족에게 특별한 고마움을 보냅니다.

내 삶의 가능성을 깨닫게 해 주고, 내적 안정성을 발견하게 이끌어 준 소중한 친구 프렘 라와트에게 감사드립니다. 공동 저자인 티머시 골웨이와 존 호턴, 불안을 완화하는 방법을 함께 만들어가며 많은 것을 배웠습니다. 즐거운 진료 시간을 선사한 아닐 다야, 제인 맥과이어, 주디 피커링, 테리 잉링, 프라티바 쿠마르, 헨리 바르샤프스키, 그리고 모든 이들에게 감사를 전합니다.

컬럼비아 칼리지와 알베르트 아인슈타인 의과 대학, 보스턴의 베스 이스라엘 병원에서 훌륭한 교육을 받았습니다. 덕분에 지혜로운 의사가 될 수 있었습니다. 특히 본보기가 되어 주신 의과대 학장 하워드 하이엇 박사님께 감사드립니다.

불안의 본질에 대해 알려준 한스 셀리에, 월터 캐넌, 로버트 사폴스키와 존 카바트-진, 1970년대 미국 통합의학 협회에서 만난 통합의학의 선구자들, 그리고 앤드루 웨일과 패치 애덤스, 버니 시겔과 제프리 블랜드, 크리스티안 노스럽과 디팩 초프라의 공로에 감사를 표합니다. 또한 인생의 아름다움을 알게 해 준 소중한 환자와 친구들에게 깊은 고마움을 전합니다.

존 호턴의 고마움 목록

어린 학생인 내게 내적 즐거움의 가능성을 보여준 아프리카 레소토와 인도의 사람들, 지혜와 만족이 함께하는 내적 삶의 가능성을 알게 해 준 컬럼비아 칼리지의 아시아 연구부서 선생님, 특히 도널드 킨과 윌리엄 드바리, 치앙 이에게 감사드립니다.

듀크 의과대학의 교수님들은 내게 의학 기술을 알려주고, 질병 진단과 치료과정에서 환자의 몸과 마음을 이해하도록 가르침을 주었습니다. 특히 샌디 코헨과 유진 스테드, 모트 보그다노프와 프레드 하인

즈, 버니 브레슬러와 한스 로웬바흐, 그리고 에드워드 부세에게 감사를 표합니다.

40년간의 인생과 가족에 대한 발견을 들려준 동료 의사 제임스 발렌저와 필 골드에게 고마움을 전합니다. 오랜 세월 변함없이 함께한 파트너이자 소중한 친구인 에드 한젤릭은 엄청난 헌신과 성실함으로 내게 영감을 주었습니다. 멋지고 재능 넘치는 친구인 티머시 골웨이는 이 책을 만드는 데 든든한 버팀목이 되어 주었습니다. 임상 그룹과 동료들, 특히 아닐 다야와 헨리 바르샤프스키, 프라티바 쿠마르과 제인 롤린스, 제인 맥과이어와 주디 피커링, 테리 잉링과 클레어 더글러스, 게일 데블린과 달린 플랜트에게도 감사합니다.

현대 신경 생물학에서 마음의 힘의 중요성을 보여준 댄 시겔 박사님, 수년간 내게 영감과 가르침을 준 많은 환자와 친구들, 끝없는 지지와 지혜를 전해 준 내 누이 메리 제인과 그녀의 남편 스튜어트, 조카인 잭과 클로이, 마지막으로 나를 사랑해주고 내 모든 불안을 참아준 스텔라와 도모니크에게 감사를 보냅니다.

하루에
한 걸음씩
행복해지기